教育何以至善

英国"教育金三角"的跨文化体悟和省思
CROSS-CULTURAL UNDERSTANDING AND REFLECTION OF THE BRITISH "GOLDEN TRIANGLE OF EDUCATION"

谢春风 著

·北京·

图书在版编目（CIP）数据

教育何以至善：英国"教育金三角"的跨文化体悟和省思 / 谢春风著 . -- 北京：群言出版社，2023.9（2024.1 重印）
ISBN 978-7-5193-0850-6

Ⅰ. ①教… Ⅱ. ①谢… Ⅲ. ①教育研究—英国 Ⅳ. ① G556.1

中国国家版本馆 CIP 数据核字 (2023) 第 105863 号

责任编辑：孙平平　朱冠锌
封面设计：尚丞印刷

出版发行：群言出版社
地　　址：北京市东城区东厂胡同北巷1号（100006）
网　　址：www.qypublish.com（官网书城）
电子信箱：qunyancbs@126.com
联系电话：010-65267783　65263836
法律顾问：北京法政安邦律师事务所
经　　销：全国新华书店

印　　刷：北京柏力行彩印有限公司
版　　次：2023年9月第1版
印　　次：2024年1月第2次印刷
开　　本：710mm×1000mm　1/16
印　　张：13
字　　数：180千字
书　　号：978-7-5193-0850-6
定　　价：68.00元

【版权所有，侵权必究】

如有印装质量问题，请与本社发行部联系调换，电话：010-65263836

由衷感谢教育部留学基金管理委员会和北京教育科学研究院的专业支持！

真诚感谢北京教育科学研究院文喆研究员和史根东研究员、北京师范大学教育学部檀传宝教授、英国剑桥大学三一学院樊台平教授、伦敦大学学院教育研究院（伦敦大学教育学院）Alex Moore 教授和 Hugh Starkey 教授的赐教指导，真诚感谢牛津大学 Annette Lord 老师和 May Farid 博士，伦敦大学教育学院博士 Sona Farid-Arbab 和林可、金亭荷的指导帮助！

特别致谢教育部中外人文交流中心陈滔伟处长、中国社会科学院世界宗教研究所白文飞处长，民盟中央群言出版社战略发展委员会顾问张姗姗女士、刘波副社长、孙平平主任等师友的支持帮助！

致谢北京教育科学研究院德育研究中心所有同事的帮助！

前言

为谁培养人、培养什么人、如何培养人，这是教育的终极之问，谁来培养人、用什么培养人、培养的人怎么样，这是对教育终极之问的追问。立德树人、百年树人，教育永远在路上。

党和国家历来重视教育问题和教师问题。党的十八大以来，教师的地位、职责和使命不断被强调、升华，教师要做"四有"好教师、"四个引路人""大先生""经师"和"人师"的统一者，这些系列论述构成了新时代新的教师论。

好教育需要好教师，好教师来自好教育，育人成才乃积德之功，人生之至乐。战国时代思想家孟子曰："君子有三乐，而王天下不与存焉。父母俱存，兄弟无故，一乐也；仰不愧于天，俯不怍于人，二乐也；得天下英才而教育之，三乐也。"

何谓教？我国春秋时代圣贤老子在《道德经》中指出："圣人处无为之事，行不言之教"，孔子在《论语》中指出："子以四教，文行忠信"，子思在《中庸》中指出："天命之谓性，率性之谓道，修道之谓教。"

何谓师？我国古代有一句根本性概括，天地君亲师。师是人类文明的托底和根基。古代经典《大学》篇指出，"大学之道，在明明德，在亲民，在止于至善"，就是对师的阐释。唐代著名文学家韩愈在《师说》中指出："古之学者必有师。师者，所以传道受业解惑也。人非生而知之者，孰能无惑？惑而不从师，其为惑也，终不解矣。生乎吾前，其闻道也固先乎吾，吾从而师之；生乎吾后，其闻道也亦先乎吾，吾从而师之。吾师道也，夫庸知其年之先后生于吾乎？是故无贵无贱，无长无少，道之所存，师之所存也。"

好教师的成长来自本土民族文化滋润，也来自跨文化学习和研修。跨文化思维是一种高阶思维，是一种能力跃进，也是一种人生阅历，更是一种实践智慧。跨文化交流对完成立德树人这个根本任务有积极的促进作用。发展如流动之河，价值乃蝶变之舞。教育价值是教育发展实践活动的航标。英国教育金三角对教育价值问题的探索和教师培养的做法，具有一定的借鉴价值。

英国教育金三角，可以理解为两个含义，广义是指牛津大学城、剑桥大学城和伦敦大学城构成的三角地带，狭义是指伦敦市的伦敦大学学院、伦敦政治经济学院、伦敦帝国理工学院构成的三角地区。1999年以来，笔者多次在这两个"教育金三角"学习参观考察，并在牛津大学短期学习近一个月，在伦敦大学学院访学一年，感悟良多，特将考察日志附后。

英国教育发达，整体水平高，特色鲜明，高等教育具有国际领先水平，若干所举世闻名的大学（牛津大学、剑桥大学、帝国理工大学、伦敦大学学院、伦敦政治经济学院），成为英国人的骄傲和教育的明珠，是世界上真正能与美国哈佛大学等顶尖高校比高低的主要力量，吸引了无数优秀学子前来就读，并给英国社会注入了活力。但英国社会也充满了矛盾，繁荣景象掩映之下，可谓暗流汹涌，教育问题也不少，道德与价值、普及与提高、质量与效率、平等与分化、融合与排斥等的博弈从未停止，大有愈演愈烈之势。他山之石，可以攻玉。24年来，笔者对英国社会及教育的感知、了解、理解、学习和研究是逐步深入的。

考察日记

1999年8月下旬，笔者随北京市基础教育课程改革研究小组，到英国教育部、伦敦大学教育学院和剑桥大学进行了为期一周的专题考察。这是笔者第一次出国访问，英国成为我出访的第一个国家。这次短暂的异国业务考察，为我打开了一扇感受、了解、理解未知世界的崭新窗口。英国的历史、政治、经济、文化、教育环境以独特的魅力吸引着我，成为我目前为止访问次数最多、生活学习时间最长、教育研究相对最深入的异国他乡。

2010年11月中旬到下旬，笔者随北京教育科学研究院学术交流小组再次访问英国。11月17日，我在时任院长时龙研究员率领下，应剑桥大学著名心理学家、英国政府教育顾问Felicia Huppert教授的邀请，访问剑桥大学达尔文学院、幸福研究中心，出席"幸福与教育专题研讨会"。时龙研究员就幸福与教育关系问题做了主题发言，笔者针对学习困难与儿童青少年幸福感的关系，做了专题发言。11月18日，我们一行访问牛津大学继续教育学院。牛津大学决策者领导力发展项目部主任Alan Hudson、社区可持续发展讲师David Howard、哲学研究部主任Marianne Talbot等，与我们就道德教育与公民培养、可持续发展与教育等进行了专题交流。Hudson主任介绍了牛津大学与中国相关单位开展的教育合作成果及下一步计划，希望加强与北京教育科学研究院的交流与合作。11月19日、20日，代表团一行访问了伦敦大学教育学院，出席"全球化时代公民与教育国际研讨会"，时龙研究员做了"公民教育的时代特征"的专题发言，笔者在分论坛做了"复杂社会环境下公民积极品质的培养"的专题发言。我们还拜会了伦敦大学教育学院著名教授Alex Moore。这是笔者时隔11年之后，第二次访问英国。这次访问时间短暂，但业务交流密度大而深入，学术层次和水平高，效果显著。特别是，我们能分别走进牛津大学继续教育学院、剑桥大学达尔文学院、伦敦大学教育学院等世界顶级高校进行深入学术交流，开创了我院（北京教育科学研究院）对外业务交流的先河。笔者也在这次高水平的业务交流中开阔了眼界，提高了水平，发现了自身的不足和差距，明确了前进的方向。

2011年7月中旬到8月上旬，笔者随北京教育科学研究院专题学习小组，在时任院党委书记唐亦勤女士带领下，到英国参加了为期三周的牛津大学"决策者领导力与公共政策项目"专题培训。这次业务培训准备充分，设计严密，教学质量高，针对性强，效果明显，大大提升了我院中青年业务骨干的业务水平和国际化程度，我也受益很大。这次非常宝贵的业务学习活动能成功举行，缘于2010年11月18日我院到牛津大学的那次访问和时任院长时龙研究员的积极支持。在第三次访问英国期间，我对英国历史文化、教育政策、课程改革、督导评价、早期教育等有了比较全面的了解，而牛津大学及我们的学习地点——耶稣学院的深厚历史文化教育氛围，深深感染了我。牛津大学在我心目中留下了深深的烙印。

2012年3月27日到4月7日，应剑桥大学三一学院药物系樊台平博士的邀请，我第四次走进英国，走进剑桥大学。我们先后居住在唐宁学院、圣.凯瑟琳学院、丘吉尔学院和克莱尔学院。在这10余天的访问中，我陪同樊台平博士、米娜女士，应英国上议院议员Marlesford勋爵及Tanlaw勋爵的邀请，到著名的国会大厦进行了中西文化与教育交流，围绕中医文化与人体健康、青少年心理健康等问题进行了深入讨论，旁听了上议院议员就税收等公共政策问题进行的激烈辩论。我们在剑桥大学会见了生物化学学院时任院长Gerard Evan教授；参观了剑桥大学Addenbrookes医院的脑康复中心，与James Fawcett教授就脑细胞移植问题进行了专题交流；会见了英国东英格兰区创新局时任主席、剑桥大学商学院艾伦·拜若教授(Alan Barrell)，就中医养生问题进行了两次交流；拜会了三一学院时任院长马丁·里斯男爵(Martin Rees, Baron Rees of Ludlow)。马丁·里斯男爵是响当当的人物，为著名理论天文学家、数学家、前英国皇家学会会长，他的大家风范、独特气质给我留下深刻的印象。笔者能第四次访问英国，恩惠于樊台平博士及米娜女士的热情帮助。通过参加以上密集、高层次的业务交流，我得以真正走进英国政府公共政策研究和决策的核心，学术视野大大拓展，社会责任感得到强化。我在剑桥大学四个不同学院里居住了10多天，对剑桥大学产生了一种亲近感，对奔流的剑河，克莱尔学院内的孔子雕塑，国王学院内的徐志摩诗词碑文，丘吉尔学院内自然生长的神奇之树，三一学院名人堂里的大科学家雕塑，也变得熟悉起来。

2014年9月6日，在著名教授Alex Moore的帮助和指导下，我以访问学者身份，到伦敦大学教育学院（笔者访学期间，该学院并入伦敦大学学院）进行为期一年的学术研修。这是我多年的愿望，是一个学者学术成长、发展中不可缺失的阶段。这次重要而宝贵的学术研修，得到了教育部国家留学基金管理委员会和北京教育科学研究院的资助，我院院长方中雄、书记唐亦勤、副院长褚宏启等领导给予笔者热情的支持。

多年来，我近距离走进了英国社会和教育，走进了伦敦大学学院、伦敦大学教育学院，走近了Alex Moore教授和其他知名学者，先后应邀走进了Alex Moore、Hugh Starkey和Lord Annette等老师的家里，对英国老师的生活、工作、学习、研究和品格了解日深。特别是导师Alex Moore教授，是一位值得我尊重和学习的真正的教育家，他著作等身，在英国大学、中小学的巨大教育影响力和崇高学术威望，令我仰慕。我第五次走进英国的体验相对最深刻。

2015年8月17日中午，我向导师Moore教授倾诉了自己的独特心理感受。他认真倾听了我的诉说，帮助我进行了分析。他亲切地告诉笔者说："访学对于一个学者的成长和进步很必要，值得珍惜。我曾经在澳大利亚悉尼大学访学3个月，很理解你的这种感受。对家庭、亲人、亲情、友情而言，你来英国访学的时间不短了，寂寞、孤独感明显，觉得时间过得很慢，这是正常的。但对英国这个国家经济、政治、历史、文化、教育等的深入了解，对自己英语、学术水平的提高而言，一年的访学时间并不充分，这只是一个良好的开始。"我非常赞同导师Moore教授的深刻分析。

在飞速发展的现代信息技术推动下，地球正变得日益"渺小"，全球化大潮使人类日益成为一个命运共同体，"四海之内皆兄弟"的态势明显。与此同时，人类自身的弱点和劣根性不断推波助澜，民族间国家间、文化、宗教间的误解、曲解加深，冲突此起彼伏，世界局势变得更加错综复杂。英国虽然是一个大西洋岛国，也难以独善其身。曾经如日中天的英国，是夕阳西下，还是朝阳升起？英国的教育真相如何？在英国发展进程中，教育如何变革？其特色、问题和动向是什么？有什么借鉴意义？本书将结合笔者多次的访学、考察、学习、体验及专题研究，进行探讨和分析。

2015年8月9日上午，我在牛津大学Blackwells书店里，发现一本书的封面上赫然写着著名科学家爱因斯坦这样一句名言："最重要的是探询问题的真相，而不是想当然。"爱因斯坦的这句名言对笔者具有积极指导作用。但愿本书的一孔之见，能有助于读者一叶知秋，了解真实的英国和英国教育，并有所借鉴。

2016年以来，我继续与英国的导师Alex Moore教授、金亭荷博士保持着业务交往和友谊联系，持续开展中英跨文化教育研究。我一直关注着英国社会、特别是文化教育新发展、新变化，对20多年来的英国教育过程进行着再认识、再提高，以服务于祖国的教育发展。

本书主要内容2015年由德国金琅学术出版社（Golden Light Academic Publishing）出版，书名为《日落帝国的晨曦——英国教育的价值链、道德度和政策维》，产生积极反响。2022年10月，在挚友、民盟中央群言出版社战略发展委员会顾问张姗姗女士极力推荐下，在群言出版社孙平平主任热情帮助指导下，笔者对原书稿内容进行了再完善，以《教育何以至善——英国"教育金三角"的跨文化体悟和省思》的书名，在群言出版社鼎力支持下，首次在我国大陆地区出版。这是一种专业荣誉，也是一种价值激励，更是一次再学习和提高。张姗姗女士的慈悲、热情和鼓励，刘波副社长、孙平平主任专业指导性很强的审读意见和睿智通达，如心灵之灯火、爱之阳光，照亮、温暖吾心。笔者不忍懈怠，唯有前行。

本书不妥之处难免，请批评指教。

英国的全称为：大不列颠及北爱尔兰联合王国（英文全称为United Kingdom of Great Britain and Northern Ireland；英文缩写为The United Kingdom，

UK），是世界上历史最悠久的发达资本主义国家，曾号称"日不落帝国"。英国主要领土位于欧洲大陆的西方，领土包括整个大不列颠岛及爱尔兰岛的一部分，目前还包括远在南美的马尔维纳斯群岛及印度洋上的一些小岛。即使现在，英国还可以号称"日不落国家"，只不过没有了往日帝国的霸气。英国本土被大西洋、北海、英吉利海峡、凯尔特海和爱尔兰海所包围，它与欧洲大陆之间通过英吉利海峡隧道相连。

谢春风
初写于 2015 年 8 月 21 日上午
英国伦敦大学学院教育学院

再改于 2022 年 10 月 28 日
北京教育科学研究院德育研究中心

目录

第一章 审视英国社会文化教育的多重景象
第一节 学生考上多少"牛剑",并不是校长追求的目标 …………… 2
第二节 最优秀校长走向最薄弱学校,英国出招打破学校"两极分化" …… 4
第三节 大英博物馆里值得关注的两本新书 ………………………… 7
第四节 理解学校课程、理解教育真谛 ……………………………… 10

第二章 价值澄清与道德重塑
第一节 从"道德崩溃"到教育补救 ………………………………… 14
第二节 中小学教师价值教育课程特点 ……………………………… 23

第三章 早期教育的后续影响力
第一节 "有效学前、中小学教育项目"(EPPSE 3—16岁)真相 ……… 36
第二节 EPPSE 研究的基本观点 …………………………………… 41
第三节 EPPES 项目研究的特点与启示 …………………………… 49

第四章　教学领导力

第一节　中小学核心课程的强化与扩展……………………… 60

第二节　好教师就是教育家…………………………………… 64

第三节　好教师的灵魂………………………………………… 77

第四节　牛津大学的中国教育视角及政策启示……………… 83

第五节　强强联手成为世界名校发展与竞争的内在特征…… 99

第六节　大学者，有大师之谓也……………………………… 104

第七节　优秀教学的3大特点………………………………… 107

第八节　帝国理工，精益求精………………………………… 111

第五章　为实现卓越而改变

第一节　英国可持续发展教育的基本情况…………………… 116

第二节　可持续发展教育的区域特色………………………… 121

第三节　英国可持续发展教育的问题、动向与启示………… 126

第六章　英国教育发展的压舱石

第一节　独树一帜的教育督导体系…………………………… 132

第二节　对英国教育督导的肯定与批评同存………………… 142

第三节　英国教育督导特色的中国启示……………………… 145

第七章　牛津文化感悟

第一节　中英文化重视家庭谱系……………………………… 148

第二节　《道德经》的世界意义……………………………… 150

第三节　大家风范与细节完美 ·· 152

第四节　牛津大学的底气来自哪里？··· 156

第八章　剑桥的文化灵动

第一节　第四次走进剑桥大学的独特感受和宝贵收获···················· 160

第二节　剑桥大学三一学院拥有强大气场与魅力的秘密················· 162

第三节　人生轨迹就像喷泉水流的抛物线 ··································· 166

第四节　再次拜谒剑桥大学克莱尔学院里的孔圣人························ 168

第五节　传统中医国际化、现代化、普及化的重要推动者··············· 172

第六节　荣誉之途：从谦卑到美德·· 174

第九章　教育挑战与机遇

第一节　未来英国学校领导者将面临十大教育挑战························ 180

第二节　再思考学校领导者即将面临的教育机遇和挑战·················· 186

第三节　与导师 Alex Moore 教授交流的启示 ······························ 190

第一章
审视英国社会文化教育的多重景象

概要

学生考上多少"牛剑",并不是优秀校长追求的目标,英国彻韦尔中学校长的教育棒喝依然在耳;最优秀校长走向最薄弱学校,英国政府出招打破学校"两极分化";大英博物馆里的两本新书,绽放出历史文化之光;导师Alex Moore的《理解学校课程》新论,点燃了探究育人之道的热情。

第一节　学生考上多少"牛剑"，并不是校长追求的目标

——英国彻韦尔中学校长的教育棒喝依然在耳

教育开放、跨文化视野是教育创新的需要，是获得实践智慧的需要。即2011年7—8月，笔者随北京教育科学研究院"教育管理评价与政策领导力专题"研修团，在世界最著名高等学府之一的英国牛津大学，接受3个多星期的专业学习。时光荏苒，笔者学习期间受到的一个独特教育棒喝，依然记忆犹新。

2011年7月21日上午，我们参观了牛津大学特意选择的彻韦尔中学。该中学是英国一所综合性公立中学，以科学教育特色而闻名，慕名来上学的孩子很多。学校刚刚被英国教育质量标准局评定为"杰出"等级（最好等级）。该校有1800多名学生，100余名教师，占地面积很大，有两块几乎一眼望不到边际的草坪操场。学校教学设施并不豪华，但很实用，楼道里陈列的钢琴显得很陈旧。学生们热情友好，40%为国际背景学生，我两次发现教室里的学生主动打招呼，欢迎客人。学校特意安排4个华裔男生陪同我们参观校区，还介绍自己的学习感受，体现了对中国客人的友好和用心。

我们听了校长朱莉·斯图尔特·汤普森对办学情况的介绍。汤普森说，彻韦尔中学的核心理念是，要把学校办成师生成功的机会中心。他解释了这个理念的含义，该理念已在学校延续多年，但有不少教师忽略了它的存在。学校重新提醒教师们，要认识这个理念的重要性。教师要不断创造发展的机会，让每个学生取得成功；要让每个师生意识到成功的重要性，各类家庭背景的学生都要为成功做准备，学术学习、职业学习的成功都是成功，学生在

校期间的成功体验会促进学生将来其他方面的成功。学校要与社区积极互动，共同创造和分享这种成功。要让学生为未来的成功获得知识和技能准备。同时，要关注教师的成功，使教师在个人、未来发展和社区生活三个方面也取得成功。

因受到应试教育的影响，当时笔者对学校教育质量的评价观念依然处在"考出高分数、考入名校"的低层次上。在这种似乎习以为常却狭隘陈旧理念的驱使下，我愚蠢而好奇地询问汤普森先生，"请问，贵校作为一所最优秀学校，高考升学率如何？去年贵校有多少学生考入牛津大学和剑桥大学？"面对我直率的发问，汤普森校长有些惊讶，表情骤然变得严肃起来。他似乎用不屑的眼神看了我一下，坦然地回答："我自己其实并不仰慕这两个闻名遐迩的私立高校。虽然去年我校有十七八个学生考入这两个名校，但学校并不以此为荣耀。彻韦尔中学是一所优秀的公立中学，为我们的国家培养大批合格公民和各种优秀人才，才是我作为校长努力追求的目标。"

汤普森校长的一番回答，令现场的交流气氛变得严肃起来，我顿然感到尴尬，猛然意识到自己因教育价值观功利、狭隘而露怯。汤普森校长的回答甚或批评，引起了我持续的教育反思。一味地应试教育会扭曲不少办学理念和行为，追求少数精英学生考试成功的做法依然存在。有些名校"耀眼"升学率背后往往是一些学生学业的失败和身心健康透支。应试教育的所谓精英学校，也成为不少学生的伤心之地，失败之所。这是学校和教育者的悲哀，是家庭和社会的悲剧。

使教育回归教育，教师静心、安心教书育人，把学校办成真学校，建成师生成功的机会中心，是摆在每个学校面前的紧迫任务。汤普森校长的教育棒喝，至今还警示和鞭策着我！

第二节　最优秀校长走向最薄弱学校
　　　　英国出招打破学校"两极分化"

英国政府启动"百名校长领导计划",通过强化学校管理来改善这些学校的文化氛围和教学质量。

一、难题:英国中小学教学质量和水平差异悬殊

英国教育、儿童服务与技能办公室(OFSTED)公布的《2012—2013年度全国中小学教育质量督察报告》显示,虽然与上一个督察年度相比,英国中小学质量整体上有明显进步,但在对7905所学校的前期督导检查中发现,只有42%的学校被评定为良好或者优秀。英国地区之间、学校之间、学生之间甚至不同种族学生之间的教育水平差异仍然十分显著,在某些地区和学校甚至有扩大的趋势。报告认为,英国的学校还不是世界上最好的,存在三个关键障碍需要进一步解决。少数学校教学能力平庸,校长领导力弱;低收入家庭、特别是白人贫困家庭孩子的学业成绩明显滞后;一些地区教育经费严重不足,教育地区差异显著。

有13个地方教育局不能通过教育督导质量验收,它们辖区只有不到一半的学生能够进入良好或优秀的学校就读。这些地区的学校往往有一系列潜在性弱点,被学校开除和长期辍学的人数很多。与此相反,伦敦市的7个地区和伦敦以外的两个地区,能确保所有的中学生进入良好或优秀学校就读。

低收入白人家庭的孩子学业成绩表现糟糕。与其他种族的低收入家庭孩子相比,白人贫困家庭孩子的学习表现最差。在太多学校里,贫困家庭孩子的贫困预期正导致贫困问题的恶性循环。但经济方面的劣势并不必然如此,一些来自其他种族低收入家庭的孩子,往往比低收入白人家庭的孩子学习成绩好。有些学科,非白人低收入家庭孩子的学习水平甚至超过了英国所有学

生的水平。

二、校长教学领导力薄弱导致教育质量差

报告认为,在那些教学表现最好的学校里,好教师往往因有效的教学行为管理而得到鉴别和奖赏。这就是督导者到每个被督察学校询问教师待遇和行为管理情况的原因。如果校长能够确保学校拥有支持好教学的文化环境,包括确保教师行为标准保持在高水平,好教师就能够给学生提供他们发展所需要的激励和挑战。

最成功校长的做法是:采取积极措施改进学校文化,创造一种开放、建设性的挑战氛围。这会鼓励教师诚实面对他们需要改进的问题。校领导也会反思他们自己的行为,对他们想看到的行为表现进行模型化。因为工资、其他奖励和晋升均与教学质量直接相关,教师改进教学的内驱力就增强了。新教师们也反映,校长对他们行为表现的期待很高,他们得到了校长有针对性的支持。

报告还认为,缺乏经验或自满的管理导致了学校失败。虽然被要求改进的学校比例在减少,但截至2012年底,英国还有583所不合格学校,这些学校有24万名学生。虽然很多学校从特别关注的正式名单中消失了,但其他学校又取代了他们原来的位置。总体上讲,管理薄弱的问题解决得还不够充分。这些被特别要求急待改善的学校,不能给学生提供可接受的教育水平,这些学校员工的领导、教学及管理水平无法证明他们有寻求改进学校的能力。这些管理非常薄弱的学校,虽然督察时没有被要求采取特别措施,但他们实际的表现与应体现出的教育责任和能力之间差距明显。

三、对策:实施"百名优秀校长领导计划"

为解决明显的校际差异,2014年9月,英国政府宣布,从2015年起,实施"百名优秀校长领导计划",在全国范围内,招聘100名最优秀、最具有管理才华的学校管理人才,形成一个优秀校长领导网络。未来两年内,这些优

秀校长将被陆续分配到英国教育挑战性最强的地区和学校，特别是Suffolk、Blackpool、North lincolnshire和Bradford四个地区，2016年9月全部到岗。这些校长任职三年，以小组为单位，不取代原任校长，而是协助他们改善学校的领导能力，同时，也会补充一些空缺的校长领导岗位。

每个校长除接受专业培训外，还将得到来自英国政府的5万英镑经费支持，以振兴所任职学校的领导力。英国教育标准局将在督导等方面给予这些校长相应的支持和宽松的政策环境。

正如Suffolk地区议会负责教育和技能的内阁成员Lisa Chambers所说："一名实力非凡且高瞻远瞩的校长，往往对学校学风和教学品质的锻造有着强有力的影响。这就是Suffolk地区加入这个优秀校长领导计划的原因。"

第三节 大英博物馆里值得关注的两本新书

2014年10月6日，伦敦秋雨蒙蒙，冷风劲吹，气温降至新低。可谓一场秋雨一场寒，许多行人已经穿起了棉袄。牛津街一些百货商场的棉衣销售很火。看来，冬天已经不远了。

上午，冒着浓密的秋雨，我来到中国驻英国伦敦大使馆教育处，把访问学者的相关报到材料递交给了里面一位负责的老师。那位老师认真进行了审核，确认材料符合要求。总算完成了这件大事，我心中感到轻松了不少。一个念头突然闪来，应该去大英博物馆看看了。

笔者9月6日来伦敦后，至少10多次路过大英博物馆。每天那里都是熙熙攘攘，热闹非凡，来自世界各国、地区的游客进进出出，人气很旺，中国游客很多。因为以前已经去过三次，而且这次来英国访学时间比较长，大英博物馆距离笔者访学的伦敦大学教育学院又近在咫尺，所以，进去参观的热情一直未被点燃。没有想到，在如此寒冷的一天，我却有了进去参观的冲动。

这次参观时间持续一个多小时，但我的心情平和了许多，以往三次参观中的所谓气愤、遗憾、感叹等不满、冲动情绪消失了。也许是笔者来的次数多了，变得麻木了；也许是自己变得理智了，不再狭隘了。总之，这次参观，时间虽然不长，但自己出奇地冷静，收获很大。10月9日中午，笔者再次进入大英博物馆，重点对下文即将提到的两本书进行了阅读，以完善本文的内容。

大英博物馆很大，犹如北京的故宫，即使走马观花，也得一整天。我在一楼大厅略做停留，便进入了一楼正厅东侧的古希腊展厅。这里可谓是古希腊文化的宝库，在大厅行走，犹如回到了古希腊时期。但真正触动我的，不是这里琳琅满目的文物，而是一楼大厅书店里摆放的两本书。

从古希腊展厅出来,我被一楼大厅的书店所吸引。这里所展图书,多为大英博物馆出版的介绍藏品及再研究的学术成果。以下两本书,值得关注。

第一本书,小16开,蓝底白字,精致而简约,书名是:《100件物品里的世界历史》(*A history of the world in 100 objects*)。这本书,是大英博物馆的最新学术成果之一。他们组织大批专家,从无数馆藏珍宝中,反复鉴别,优中选优,把最能够代表世界文明进化历程的100件文物,以时间为序,收录书中,进行逐一介绍,以小见大,小小文物勾勒出人类文明的演化轨迹。在对这些稀世珍宝进行排序时,只有一个文物被给予更加崇高的地位,就是来自古埃及的木乃伊。木乃伊出自公元前200多年的古埃及,但出于对这件意义特殊、价值特别文物的无限敬畏,大英博物馆把木乃伊作为这100件文物的第一个,而百万年前出自今天非洲赞比亚的人造工具——石器,却居第二位。这本书在世界上产生了巨大影响,我国已经有不少介绍。而给我震惊的,不是这100件稀世珍宝中有不少中国文物,而是大英博物馆独特的视角和学术研究境界。他们以有限资源来诠释人类漫长文明史的智慧和有所作为的精神,值得赞赏。北京故宫、国家博物馆珍宝无数,我们是不是也可以如此?

第二本引起我关注的书,更与祖国有关。这本书印制精美,大气而厚重,在书店所摆的众图书中居显要位置,很抢眼。不仅如此,大英博物馆还在馆内外的电子屏幕上,宣传橱窗里,大厅的横幅标语中,大力宣传这本书。他们还从本周末开始,到2015年1月中旬,为这本书的发行举行专门的文物展览活动,在中国、美国、德国、韩国等各地的博物馆,借来各自珍藏的明朝初期文物,进行集中展出,需要人们购票参观。为什么这本书如此重要?原来,这是大英博物馆近期又一个重要学术成果,该书的书名是《改变中国的50年:1400至1450年的明朝》(*Ming:50 years that changed China*)。我简单翻阅了这本书,非常受教育。书中引用了大英博物馆所藏的各类涉及明朝前期的重要珍贵文物,还原了1400年到1450年这50年间我国明朝的辉煌历史。该书指出,明朝前期,特别是1400年到1450年这50年,中国是当时世界上最强大、最富裕和最开放的国家,乃当时唯一的超级大国,不仅文化灿烂,科技先进,而且商品丰富多彩,对外贸易发达,成为世界文明交流的中心。这本书以大量珍贵文物为证据,以敬畏、赞叹的目光,回忆了明朝这辉煌的50年,认为这短短的50年,为明朝200多年伟业和清朝帝国的建立,奠定了基础。目前,巍然屹立于北京城核心位置的无数中国传统文化珍宝聚集地——紫禁城,就是明朝初期朱棣皇帝开始修建的。

近年来,我们的一些博物馆也举行了很好的传统文化推广活动,如故宫博物院等。

大英博物馆曾经是英国殖民主义者掠夺其他国家文化财富的罪证展览,今天,依然如此。但值得注意和欣慰的是,大英博物馆用这些曾经抢来、偷来、掠夺来的各类文物,积极发挥了这些文物的文化教育功能,还进行了深入的学术研究,成果丰硕。这些卓有成效的工作,也算是他们对自己祖先昔日劣迹的赎罪吧。

第四节 理解学校课程、理解教育真谛

——Alex Moore 教授新著《理解学校课程》出版发行的思考

Alex Moore教授曾任伦敦大学教育学院课程、教育学与评价系主任,教师教育家,长期致力于中小学教师专业发展、课程和教学研究、学校文化、方法论和公民教育领域的成果丰硕,在世界上享有盛誉。他是笔者2014年9月来英国伦敦大学访学的导师,在各方面给予我悉心的关怀和指教。

我是在2008年"北京第二届青少年学生公民教育国际论坛"期间第一次接触到Moore教授的。他当时在主论坛上的报告非常精彩,尽显学术大家风范,笔者心生仰慕之情。

2014年2月,Moore教授应笔者邀请,访问北京教育科学研究院德育研究中心,给北京市中小学教师做了关于公民教育基本问题的学术报告,与笔者所在的德育研究中心及可持续发展教育研究中心全体同事进行了友好的交流。这期间,还发生了一件趣事。Moore教授应笔者邀请,与我的家人一起共进了午餐。那天,北京的天气出奇的好,天空出奇的蓝,阳光明媚,空气清新。于是,就与Moore教授和家人协商,午餐后,大家一起去北海公园游览。也许是因为难得的好天气,那天北海公园附近出奇的拥堵,我开车到达北海公园后,几经周转,却无法找到车位。于是,我就建议:Moore教授先在我爱人和儿子的陪同下进公园游览,等我把车停好后,再去找他们。大家接受了这个建议。很尴尬的是,当Moore教授在我爱人、儿子陪同下,从北海北门游览到南门时,我依然无法找到停车位。正在读初中的儿子充分发挥了自己学习英语的作用,担任起了Moore教授的导游,经受了锻炼。但作为主要邀请

者的我无法现身陪同,既觉得失礼,也感到尴尬。家人对我的失礼进行了批评,而Moore教授却体现出了宽容、大度的胸怀,还赞扬了我儿子热情的讲解和出色的英语水平。

2006年、2008年、2014年,他先后三次到北京师范大学、清华大学等高校进行学术巡回演讲,深受欢迎。可以说,Moore教授目前已经是成就显著、深受注目和一线老师欢迎的教师教育家。

Moore教授著作等身,其专著《教育多元文化背景的学生:学校教室里的文化主义和反文化主义》(Teaching Multicultured Students: Culturism and Anti-culturism in School Classrooms)、《教与学:教育学、课程与文化》(Teaching and Learning: Pedagogy, Curriculum and Culture)和《"好老师":教学和教师教育中的主导话语》('The Good Teacher': Dominant Discourses in Teaching and Teacher Education)在英美畅销。2014年12月,其专著《教与学:教育学、课程与文化》(Teaching and Learning: Pedagogy, Curriculum and Culture)被著名出版社Routledge评选为英国月度教材。

Moore教授笔耕不辍,成为不少出版社青睐的作者。最新著作《理解学校课程》(Understanding the School Curriculum)反映了他最近的学术成果。2015年2月5日晚上六点,Routledge在伦敦大学学院教育研究院为其举行新书发布活动。那天,可谓高朋满座,IOE的许多专家、教授莅临,50多人挤满了IOE书店的门前,但秩序井然,氛围友好而热烈。该书的编辑介绍了自己邀请Moore教授撰写此书的过程,出版社的领导对Moore教授的学术成就给予了高度评价,Moore教授也介绍了自己出版这本书的思路,并对许多帮助他的同事及家人给予了感谢。大家纷纷购买这本刚刚出版的力作,并请Moore教授签名留念。我作为其学生,自然积极购买、学习这本著作。《理解学校课程》这本书不仅对中小学课程的发展史进行了回顾,还对其价值和发展走向进行了深入探讨,围绕"课程意味着什么?课程为了什么?"的问题,深入阐述了学校课程的内涵。因为刚刚阅读此书,笔者的体会还很肤浅。

《理解学校课程》将成为我研读的重点内容。在研读 Moore 教授专著的过程中，我日益明白了他作为一个好教师、著名学者、导师、出色作者、教师教育家的崇高！也明确了自己学习的方向！

第二章
价值澄清与道德重塑

概要

英国通过强化国家价值观认同，试图从"道德崩溃"中实现教育补救；在公民教育中，现实主义公民身份认知范式与教育选择成为主流；Hugh Starkey教授的"教育、价值、社会"课程，成为教师价值观教育的经典课例。

第一节 从"道德崩溃"到教育补救

国民整体道德素养既是一个国家政治社会经济文化发展水平和文明程度的折射,也对其发展进程产生直接的影响。英国作为世界上历史最悠久的发达资本主义国家,经济文化水平和社会文明程度相对较高,很多英国人引以为豪。但2011年8月发生在英国许多街头的打、砸、抢、烧暴力事件,打破了这个所谓的神话。

一、"道德崩溃"(Moral Collapse)事件使英国人蒙羞

2011年8月4日到11日,英国伦敦、伯明翰等地发生大规模打、砸、抢、烧事件,引起英国朝野震惊,各国关注。该事件中53%的参与者为21岁或者以下的年轻人。[①]先后有2800多人被逮捕,1800多人被追究刑事责任,1000多人出庭受审。[②]在英国裁判法院对此事件所判决的479个案件中,21%的案件针对17岁或者以下的青少年。[③]英国首相卡梅伦称:"这是社会的分裂、英国人的道德崩溃和耻辱。它给全社会敲响了警钟,我们再也不能无动于衷

[①] Jason Lewis and Edward Malnick, *UK riots: Fifth of riot suspects are children*[N], http://www.telegraph.co.uk/news/uknews/crime/8700137/UK-riots-Fifth-of-riot-suspects-are-children.html, 13 Aug 2011.

[②] James Kirkup, Tom Whitehead and Andrew Gilligan, *UK riots: David Cameron confronts Britain's 'moral collapse*[N], http://www.telegraph.co.uk/news/uknews/crime/8701371/UK-riots-David-Cameron-confronts-Britains-moral-collapse.html, 14 Aug 2011

[③] Jason Lewis and Edward Malnick, *UK riots: Fifth of riot suspects are children*[N], 13 Aug 2011, http://www.telegraph.co.uk/news/uknews/crime/8700137/UK-riots-Fifth-of-riot-suspects-are-children.html

了。"①他要推进系统的改革，采取综合举措，推进大中小学的品德教育，消除"道德崩溃"问题的社会诱因，重建社会道德文明秩序。

二、"道德崩溃"的发生乃多因一果

此次骚乱事件的导火索是，2011年8月4日，伦敦市北部托特纳姆地区（Tottenham）的一个居民马克·杜根（Mark Duggan）被英国警方枪杀。②这个偶发事件为什么导致如此严重的社会骚乱？笔者认为，冰冻三尺非一日之寒，其原因简要分析如下：

（一）社会潜藏的诸多矛盾的激化和集中爆发

客观上讲，英国社会经济文化教育发展水平在世界上具有相对优势，社会保障体系比较完善，居民整体素养较高，社会福利水平在欧盟中居前列，高等教育的国际吸引力很强。但这些繁荣景象之下，潜藏着大量复杂而日益严重的社会矛盾，移民、社会暴力、物价、失业、公众健康、环境污染、交通安全、住房、教育、国家认同等方面的问题不同程度地存在，有些领域的矛盾非常尖锐。这些不断积攒的矛盾往往因偶发极端事件而激化、爆发和蔓延。2011年8月4日的社会骚乱事件就是例证，英国首相卡梅伦则把这个事件归因为"英国社会的断裂"（broken society）。

（二）贫富悬殊，贫困现象向年轻人蔓延，经济被剥夺者往往借机报复社会不公

在英国诸多社会问题中，社会不公、贫富悬殊具有长期性、深刻性和根本性。英国主要社会财富集中在少数精英阶层手中，这也是西方发达资本主义国家的普遍问题。其突出的表现是，相对贫困家庭和绝对贫困家庭的比率

---

① James Kirkup, Tom Whitehead and Andrew Gilligan, *UK riots: David Cameron confronts Britain's 'moral collapse*[N], http://www.telegraph.co.uk/news/uknews/crime/8701371/UK-riots-David-Cameron-confronts-Britains-moral-collapse.html, 14 Aug 2011

② *Riots in Tottenham after Mark Duggan shooting protest*[N], BBC News. 7 August 2011. 30 January 2012

很高，基本的居住和温饱问题困扰许多英国家庭，无家可归者日益增多。而且，这种贫困问题在向青少年学生、儿童蔓延。时任英国首相卡梅伦承认，英国至少有120000个家庭陷入困境之中。①2011到2012年度，英国230万名孩子（17%）生活在明显低于全国平均水平的家庭里。儿童活动家认为，更真实的数据是，超过30万的英国孩子2012年比2011年变得更贫困了。②2011年8月4日的骚乱事件，就是大量经济被剥夺者对英国贫富悬殊、社会不公怨恨情绪的宣泄。

（三）文化排斥和身份歧视问题严重

在全球化浪潮下，移民趋势日益明显，英国成为欧盟中移民问题相对最突出的国家。大量移民的涌入，激化了英国潜藏已久的社会矛盾。许多英国本土居民认为，大量欧洲移民加剧了英国的社会福利成本，降低了他们的原有生活水平，要求英国退出欧盟。英国社会在文化多样性、价值多元化表象下，是日益明显的价值对立、文化排斥和对外来移民种族的歧视。这些问题，无疑成为社会骚乱的导火索，身陷贫困而被歧视的外来移民往往成为社会骚乱事件的"主角"之一。

（四）道德教育成效偏低，学生"两极分化"明显，"问题学生"流向社会

教育是社会发展的缩影和结果，也是社会发展的基础和动力。2011年8月英国社会"道德崩溃"事件的背后，潜藏着学校教育、特别是道德教育低效、失效的问题。英国基础教育发展所面临的突出问题是，公立学校与私立学校差距悬殊，但私立学校学费高昂，公立学校水平差异显著，学生发展出现两极分化，问题学生数量居高不下。"英国社会的道德沦丧，顶部和底部一

---

① Ross Hawkins, *England riots : Broken society is top priority— Cameron*[N], http://www.bbc.co.uk/news/uk-politics-14524834，15 August 2011

② Angela Harrison, *One in six children lives in poverty，UK statistics show*[N], http://www.bbc.co.uk/news/education-22887005，13 June 2013

样糟糕。"[①]2013年，英国教育质量标准局承认，少数学校教学平庸，校长领导力脆弱；一些地区教育经费严重不足；一些低收入家庭、特别是有些白人家庭的孩子学业成绩明显存在高不成、低不就的停滞状态。"要特别关注一些地区的中学教育状况，全国有13个地方教育局不能通过教育督导验收，只有不到一半的学生能够进入良好或优秀的学校就读。这些地区的学校往往有一系列潜在性弱点，被学校开除和长期辍学的人数很多。"[②]显然，这些被低水平学校开除和长期辍学的青少年，很容易成为社会骚乱事件的诱因。

三、采取教育补救举措，强化社会包容

"道德崩溃"事件发生三年多以来，英国政府特别在教育领域采取了不少补救措施：

（一）建立免费在校就餐制度，给低收入家庭的孩子提供免费午餐，以解决日益严重的儿童贫困和饥饿问题，减轻社会贫富差距的教育阵痛

英国教育部2011年8月的数据显示，约55%的贫困儿童生活在工薪家庭，而59%的儿童因父母失业而陷入贫困的危险，而只有8%陷入贫困危险的儿童父母均有工作。这说明，父母失业所造成的儿童贫困、物质匮乏和发展处境不利的危险非常高。为此，英国启动了适合工龄工作者支持计划，把对这些人群的救助金投入其通用信贷中，鼓励自谋职业。为此，政府已经投入62.5亿英镑经费，建立贫困家庭儿童专项救助金，给符合标准的中小学生提供免费校餐。

[①] Peter Oborne, *The moral decay of our society is as bad at the top as the bottom*[N], http://blogs.telegraph.co.uk/news/peteroborne/100100708/the-moral-decay-of-our-society-is-as-bad-at-the-top-as-the-bottom/, August 11th 2011

[②] Ofsted, The report of Her Majesty's Chief Inspector of Education, Children's Services and Skills(2012/13) [R], Schools, www.dataview.ofsted.gov.uk, 2013:05-06

(二)建立免费学前教育中心,强化早期教育,从儿童成长的源头抓好道德品质教育

英国专家发现,早期教育缺失及质量不良,将导致严重的教育问题,使中小学生发展出现分化,一些学生出现预期贫困感和处境不利等明显情况。为此,英国政府把教育投资重心前移,早期教育经费增长了5倍以上。2014年9月,英国政府投资建设了23551个托儿所和学前机构,为所有2—4岁孩子提供每周15小时、全年570小时的免费养育,其中,2岁儿童享受15小时免费早期养育的贫困家庭百分比已增长了一倍,达到40%。从2015年起,养育小孩的工薪家庭将享受每个孩子每年2000英镑的免费早期教育待遇。[①]

(三)改革学校管理体制,成立自由学校、独立学院

为解决中小学发展活力不足、差异明显问题,英国采取了扩大学校办学自主权、鼓励学校自治和家长选择教育的措施,把教育权力下放给各个地区教育局、社区、专业协会组织和学校。校长有权利聘任和解聘教师,调整、改变课程内容和学生学习时间。

(四)缩小性别、种族、文化及收入等方面的差距,强化文化包容和社会包容

2011年8月的"道德崩溃"事件源于社会贫富分化和不平等,不仅仅是青少年道德缺失的原因。英国日益成为一个移民国家,在欧洲国家中移民人数最多。移民激增带来了文化冲突、价值排斥、种族差异、贫富不均等问题,英国人的价值认同感、国家认同感因2014年苏格兰地区的"独立公投"事件而陷入困境,排外情绪日益明显。在这种情况下,英国政府提出了包容社会、包容社区的计划,鼓励社会志愿服务者以利益攸关者身份开展社区互助活动。比如,英国慈善信托组织在英国成立了400多个免费"食物银行",资助前来

---

① https://www.gov.uk/help-with-childcare-costs/free-childcare-and-education-for-2-to-4-year-olds

领取食物的贫困人口，以减轻社会贫困人群的生活困境和抵触情绪。首相卡梅伦多次强调，要推进英国的价值观，即自由，宽容他人，接受个人和社会责任感，尊重和维护法治。他指出，对于生活在英国的公民来说，以上是必须接受的。

（五）尽力减少中小学生因违反校规被短期和永久开除的人数，降低被教育排斥人数

2011年8月的"道德崩溃"事件是英国中小学暴力问题的集中体现。这些年来，英国中小学教师深受学生暴力问题困扰，因暴力倾向明显被学校开除的学生人数日益增多。数据显示，黑人男孩被开除的人数是白人男孩的5倍，黑人女孩被开除的人数是白人女孩的8倍。英国中小学校长协会和教师协会联合发出呼吁，要求政府授权学校加强对问题学生的纪律管理，有权开除罪错行为严重的学生。为此，英国教育部完善了政策，强化了中小学生的校规校纪管理权限。政府虽然支持学校暂时或永久开除问题严重的学生，但也鼓励学校改善教学与管理，尽量降低开除学生的人数。

（六）加强中小学教育质量督导，对学生行为和身心安全行为重点督察

在支持学校扩大办学自主权的同时，英国政府以教育质量标准局（OFSTED）为核心，开展了独立、专业、严密、频繁的教育督导，加强了对各级各类中小学的质量监督，特别在教学质量、学校领导力、学生行为与安全等方面进行优先督察。2014年9月开始，英国教育标准局对原来的督察内容进行了改变，把对好学校的督察时间由五年一次缩短为三年一次；把原来学校的四个等级中的"满意"等级，改为"需要全面改进"，督导措施严厉。一些原来是"杰出"等级的学校，因学校管理、教学、价值教育等问题被降至"不合格"等级，被要求限期整改，否则，将被关闭。严密的教育质量督导成为英国教育的特色之一。

四、英国中小学教育的积极变化与存在问题

（一）教育成效明显

英国中小学出现了许多积极的变化，教育经费向早期教育、薄弱学校和落后地区倾斜的态势突出，学校类型日益丰富，学校办学自主权扩大，不少基础薄弱学校的教学质量有明显改进。特别是进行学校管理体制改革的自由学校和独立学院，大部分摆脱了原来的困境，成为日益被公众认可的好学校。英国教育标准局2013年的督察报告显示，英国中小学生比以往任何时候都更有机会进入好学校学习。虽然督察、评价的方式方法在改变，但2012—2013年，有更多的被评估学校和独立学院表现为好或者优秀。更具针对性的督察评估被用于改进许多教育基础薄弱的学校。这些学校在给全体学生提供好教育的挑战面前反应积极。90%以上需要改善的学校，在弥补自身缺陷方面取得了令人满意的进步。

（二）问题依然不少

目前，英国教育依然面临如下明显问题：学校教育无法根本改变社会的贫富分化问题，反而日益受到社会问题的困扰，中小学教师教学压力很大；公立学校和私立学校之间、公立学校之间的发展水平差异依然显著，学生学习分化问题严重，问题学生人数在高位徘徊；学校暴力问题突出，中小学生违反校规校纪的严重行为频繁；被短期和长期开除的学生人数攀升，被教育排斥和社会排斥的问题学生成为社会问题的隐患；青少年的价值认同、特别是公民的国家归属感教育问题突出。2014年6月，在卡梅伦首相提出要加强英国中小学生的历史教育、强化英国价值观不久，著名的专栏作家Owen Jones公开唱反调，回应说："对不起，卡梅伦，但你所说的英国历史与我无关。"他还说："英国激进的过去激励着我，但卡梅伦却对它无动于衷。所以，你所倡导的国家统一价值观是无稽之谈。强迫中小学进行价值观教育是过时了的政治干预。它的最好结果是毫无意义，最坏结果是危险和对英国历史的

颠倒。"①

五、启示与建议

英国为"道德崩溃"事件而采取的教育补救措施，值得我国中小学教育者思考和借鉴。

（一）强化社会和谐、文化包容，积极面对人口流动和外来务工人员子女教育

人口流动性增强是社会发展的大势，是社会发展的动力，也是社会进步的表现。诚然，移民人口激增给一些大城市的社会管理、资源配置和学校教育带来很大压力，需要进行有序的疏导。但更关键的问题是，大中城市要加强社会和文化包容，减少社会排斥和教育排斥，以积极心态面对我国人口的流动性趋势，特别要关照好流动人口子女，使负面问题转化为社会正资产。否则，这些被排斥的人群、特别是儿童青少年，有可能成为未来社会问题的成因。妥善处理好外来务工人员子女教育问题，对这些孩子多一些帮助和关爱，强化他们的归属感，一定会赢得好的社会回报。这个问题考验着各级政府和教育部门的智慧与伦理自主性。

（二）强化儿童青少年、特别是外来务工人员子女的价值认同和品德教育

儿童青少年是国家的未来和希望，是未来社会的主人，立德树人是学校的根本任务。古希腊哲学家亚里士多德指出："好公民不是从石头缝儿里蹦出来的。"Starkey 教授也强调：2011 年 8 月英国发生的"道德崩溃"事件，原因复杂，但其本质是公民社会认同感的缺失，是他们对社会不满情绪的宣泄和报复。在学校教育中，要把培养学生正确的价值观，把行为品格、文明素质和良好习惯放在重要位置，引导学生正确认识个人自由权利的限度，对国家

---

① http://www.theguardian.com/commentisfree/2014/jun/15/david-cameron-british-history-values

政体、核心价值观、社会关系、民族文化传统、公民责任有全面的理解，教育孩子做文明、负责任的公民，其他教育内容要以此为目标。如何改进学校的公民道德教育，培养更多合格的社会公民，值得深入思考和探索。

（三）消除片面"应试教育"的负面影响，关注中小学处境相对不利群体的身心发展

2011年8月英国发生的"道德崩溃"事件中，53%的参与者为21岁或者以下的年轻人。在英国裁判法院对此事件所判决的479个案件中，21%的案件针对17岁以下的青少年。这些青少年，大部分是所谓的问题学生，是被学校排斥和开除的学生。这个教训提醒我们，中小学教育要尽快摆脱单纯追求升学率的倾向，从"精英教育"的狭隘视野中走出来，要关注全体学生的发展和成功，要特别关爱那些在学校中学习处境相对不利的学生群体，确立科学的教育评价督导制度，不以分数高低为评选学生优劣的唯一指标，强化道德教育的神圣地位。建议，我国应该尽快出台以关注、帮助弱势群体为核心的教育法案，使每个儿童青少年都能体验到成功、快乐和自信。因为，儿童青少年是不能被贴标签的。带着严重的教育挫败感而走上社会的学生，正是英国"道德崩溃"事件的主力！

第二节 中小学教师价值教育课程特点

——休·斯塔基（Hugh Starkey）"教育、价值、社会"课程案例分析

课程是教育的载体，价值是教育的灵魂，故价值教育课程是大、中、小学教育的重要内容。价值教育的深度、高度和效度与其课程设计、组织实施的质量密切相关。研究和改进我国大、中、小学价值教育的课程设计，尤其是针对中小学教师的价值教育课程，具有现实意义。

2014年9月，笔者有幸结识了Starkey教授。Starkey是伦敦大学学院教育学院（原伦敦大学教育学院）资深教授，是联合国教科文组织和欧洲议会的教育顾问，他在公民教育、历史教育、教师教育等方面成果颇丰，其专著被翻译成中、日等多国文字。通过两个多月全程旁听Starkey教授的"教育、价值与社会"（Education, Values and Society）专业课，笔者对英国中小学教师价值教育，尤其是课程设计特点有了新的认识。基于此，笔者将对Starkey教授的"教育、价值与社会"课程设计内容与特点进行分析，以探讨我国中小学价值教育的思路和策略。

一、课程的价值定位

价值定位是对课程设计目标、内容、途径、效果的战略性思考，是课程实践的价值观和智慧源头。"教育、价值与社会"作为伦敦大学学院的高信用等级（high credit level）课程，Starkey教授首先从哲学、社会学、历史学视角对其进行了价值定位，意图拓展学习者的思维宽度。该课程聚焦教育本质、目标，明确了价值教育课程学习的目标、途径和方式。特别是，该课程聚焦具有丰富

实践经验的中小学教师的成人学习者特征，强化了教学设计的针对性。

该课程还阐明了中小学教师价值教育的课程学习方式，指出"合作的建设性学习截然不同于单纯的讲授，而是基于平等、自主和理性的价值讨论。本课程将采取合作的建设性教学方法来确保每一个学习者成为积极的贡献者。这就需要你阅读核心文献，反思自己的感受和问题，完成任何由导师建议的任务。"①

二、课程的教学目标

教学目标是课程设计的策略问题，是对课程价值的细化，是课程战略思考的重要支撑。课程目标的针对性、前瞻性越强，其价值定位就越稳固。Starkey教授从教和学两个视角对"教育、价值与社会"课程的目标进行了精心设计。

该课程强调目标的重要性。宽广的课程目标体现了教师对教育过程探究的深化。教学要强化参与者的哲学定位意识，对那些持久的根本教育问题进行审察，明确每种视角的积极意义，发展课程参与者的理论分析技能，以服务于自己的职业发展。该目标指出"发展课程参与者的哲学定位意识，以支持他们在不同的教学情境中把理论与实践进行广泛的结合；通过社会学、历史学和哲学的视角对那些持久的教育基本问题进行审察；明确每种视角对理解教育、价值、权利和社会的独特价值；发展参与者的理论分析能力、辩论能力和实践反思能力；使参与者把这些视角和教育问题应用到他们的职业定位中；使参与者能够精确地调配那些已经形成的学科分析和探究技能；使参与者发起的学术争论活动连贯而可持续。"②

该课程还强调学生学习的有效性。Starkey教授从学生角度阐述了该课程要达到的学习结果，特别强调学生在课程学习结束时要发展的问题审查能力、分析和反思能力、提供证据能力、独立学习能力和写作能力，对学习者出勤

---

① Hugh Starkey, Module handbook and course readings: Education, Values and Society, Institute of Education, University of London, London. 2014(09): 01-02 http://www.ioe.ac.uk/services/4389.html [EB/0L]. 2014-01-29

② 同上，第2—3页

情况、作业完成情况和研究进展情况进行系统考核。这些能力的核心是学习者的问题思辨能力和解决能力。该课程目标指出，学习者"要借助社会、历史和哲学眼光来重新审察那些持久的教育基本问题；对新的理论、技能进行分析、讨论和反思，并将其与自己的教学实践结合起来；为自己所选择的基于当前教育实践的认知框架的深化理解提供证据；为自主选择、积极思考的教育理论观点提供证据；运用问题研究和自主学习的方法完成一篇小论文，把教育价值和价值教育系统运用于特定的教育实践中；完成一篇学术论文，运用某种视角来发展、完善自己对一个争议问题的思考。"[1]

三、课程的逻辑框架和内容要点

（一）课程逻辑呈现层次清晰、交叉互补和良性互动特征

1. 课程设计的对象层次清晰

人是教育的核心。作为学习者的教师是价值教育的主体，儿童、青少年是价值教育的客体和终极目标，而作为课程设计者和组织者的大学教授是中小学教师价值教育的引领者和指导者。笔者发现，在"教育、价值与社会"的课程设计中，Starkey教授不仅注意尊重和满足中小学教师专业发展的需求，而且非常关注、维护儿童、青少年身心健康发展的需求和神圣教育权益，这成为该课程的灵魂和伦理主线。教授、教师学习者、儿童青少年三者的逻辑互动关系，体现在下图1中：作为课程设计者、组织者、引领者的导师处在最外层，他们知识更加广博，眼界更加高远，影响力覆盖整个教师和学生群体，对作为学习者的中小学教师和儿童、青少年给予充分的关照；作为学习者的教师处在中间层面，扮演着学习者、引领者的双重角色，他们把导师的价值引领、传递给学生；儿童、青少年处在核心层，他们既是价值教育的客体，也是身心健康成长的主体，并成为整个价值教育课程设计的终极目标。

---

[1] Hugh Starkey, Module handbook and course readings: Education, Values and Society, Institute of Education, University of London, London. 2014(09): 01-02 http://www.ioe.ac.uk/services/4389.html［EB/0L］. 2014-01-29

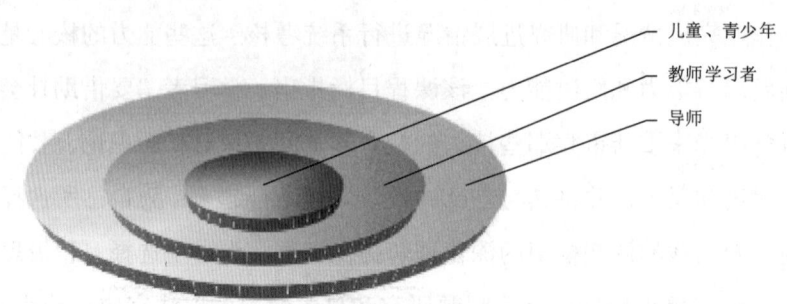

图1 "教育、价值与社会"课程设计对象间的关系

2. 课程设计的多学科视角交叉互补

Starkey教授的"教育、价值与社会"课程设计,呈现出宽阔、丰富、交叉、互补的多学科视角,超越了单纯的教育范畴。这种多学科复合的逻辑视角有利于中小学教师摆脱教育的狭隘眼光,激活自己内在的思维潜能。该课程特别强调,学习者要从哲学、社会、历史、科学和教育等多个视角审视教育价值与价值教育。哲学视角给学习者提供了世界观、价值论层面的根本方法和理论概括能力;社会视角给学习者提供了宽阔的实践视野和真实的问题情境;历史视角帮助教师对那些持久的教育基本问题进行审察和再思考,强化了思维的系统性和深刻性;科学视角帮助教师保持价值教育的必要理性和自主性,特别强调学习者要为自己的观点与问题思辨合理性提供证据;而教育视角是以上四种学科视角的归宿,是学习者已有教育角色的内在超越。这五种学科视角间的良性互动关系,成为"教育、价值与社会"课程设计的亮点和特色,如图2所示。

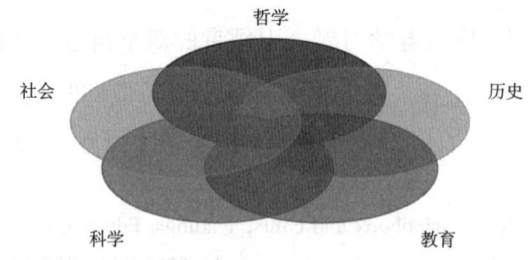

图2 "教育、价值与社会"(Education,Values and Society)的多学科视角

3. 课程设计的"问题环"运行生动

"教育、价值与社会"课程把对教育问题的发现、反思、研究和解决作为教与学的本质。Starkey教授的教学往往从提出问题开始，既包括教师的设问、提问、追问，也包括学习者的疑问、提问和互问。课程实施中充满了问题意识，讨论热烈。Starkey教授引领学习者通过充分的问题讨论，加深各自的理解，但不刻意寻求问题答案的一致性。在课程结束阶段，Starkey教授往往会提出需要学习者进一步思考的新问题，使他们保持思考的连续性。所以，课程学习"问题环"的形成，成为"教育、价值与社会"课程设计的教学逻辑所在。

笔者通过课程实践体验、研究分析及与Starkey教授的交流后发现，6个要素（教育实践、发现问题、自主学习、问题反思、讨论分享、问题解决）构成了该课程的"问题环"（见图3和图4），这6个要素彼此间存在着双向互动的关系，促进了学习者课程学习的生动高效。在导师的引领下，作为学习者的教师既是问题的发现者，也是问题的解决者。

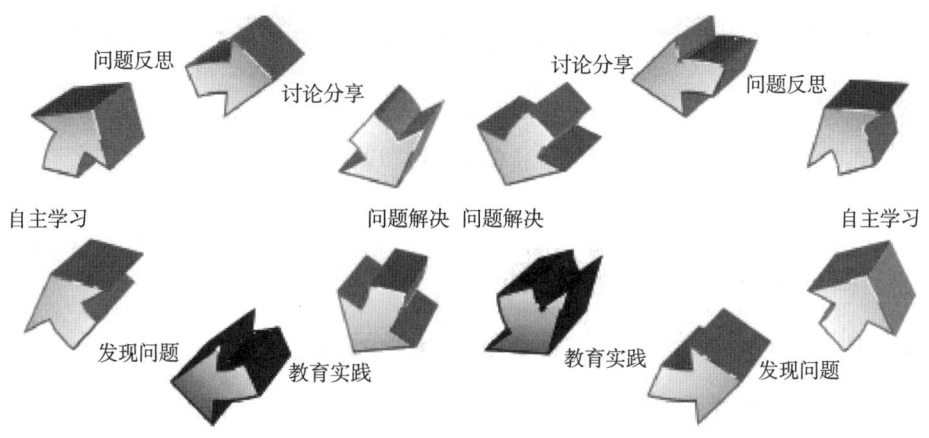

图3 "问题环"要素间的顺时针关系　图4 "问题环"要素间的逆时针关系

（二）课程的内容要点

"教育、价值与社会"课程包括3个关键领域、5个重点要求。

1. 3个关键领域与5个重点要求

Starkey教授的课程涉及教育、价值和社会3个关键领域，以形成哲学理解、历史观点、哲学观点、社会学观点，推进价值教育等为重点要求，对课程内容进行了价值概括，致力于学习者形成"对教与学问题的哲学理解，对政策、教育组织机构等的历史观点，对个人自主和人权的哲学思考，对社会正义、性别、种族和阶层问题的社会学分析，对宗教教育、性别关系教育等课程的价值教育视角。"①（见下图5）5个重点要求是对教育、价值和社会三个关键领域的细化。广义的社会涵盖了教育和价值，但狭义的社会与教育、价值并存，彼此间形成了互相交织、促进的关系。

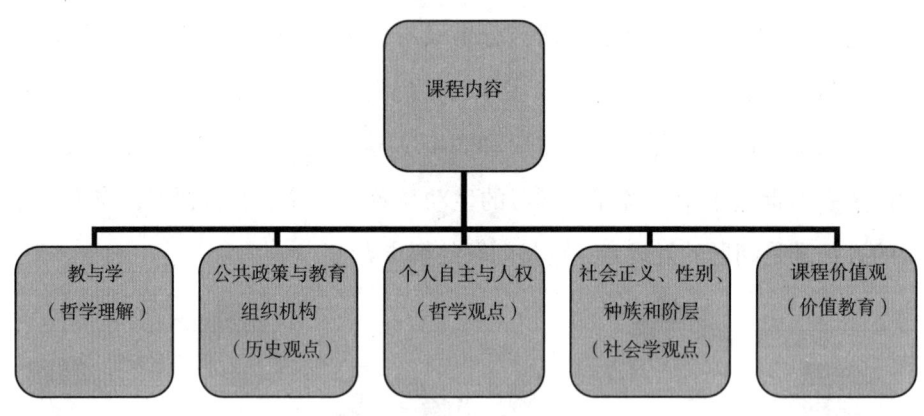

图5 "教育、价值与社会"课程重点内容

四、课程设计特色的感受与分析

（一）问题意识强：将教学融入真实问题情境中，聚焦一些有争议的主题，进行价值澄清

世界充满了矛盾和问题，学校教育也存在着不少有争议的问题。Starkey

---

① Hugh Starkey, Module handbook and course readings: Education, Values and Society, Institute of Education, University of London, London. 2014(09): 01-02 http://www.ioe.ac.uk/services/4389.html [EB/0L]. 2014-01-29

教授的"教育、价值与社会"课程设计和实施具有强烈的问题导向意识，教学往往在真实而生动的问题情境中展开，基于问题，依托问题，分析问题，解决问题，再发现新的问题，这个"问题环"在课程实践中表现得很清晰。Starkey 教授总是帮助教师学习者寻找、思考那些有争议的教育问题，通过个人反思、小组讨论、互相争论和观点分享，对性别、种族、阶层与平等，民主与自由，价值教育与科学理性等问题进行澄清。在讨论交流中，面对不同观点，Starkey 教授保持了尊重、包容、平和、理性的态度，他全神贯注倾听，很多时候引而不发，不仅包容每一个想法，还通过追问、点评和精炼的观点分享，有效带动学习者深入讨论。而对那些容易产生误导的敏感词汇和偏激观点，他高度警觉，及时给予鉴别和价值澄清。记得在一次教师学习者的成果交流中，一位学生使用"underdeveloped"词汇来表达"不发达国家"。对此，Starkey 教授马上追问，及时与其交流，认为，"underdeveloped"词汇为贬义，背离了价值理性，容易造成对不发达国家人民的歧视，他建议使用"developing"这个词汇。他的这一建议得到全体同学的认同。通过这个教学细节，笔者发现，Starkey 教授把正确的价值引领融会于包容、和善的态度中，发挥了举一反三的价值澄清作用。

（二）儿童至上：以儿童、青少年健康发展为重，把保障学生权利作为价值教育的核心

Starkey 教授在课程设计和组织实施中，始终把儿童、青少年的权利放在核心位置，提醒教师学习者尊重和保护每一位儿童、青少年，他们是教育的最大价值。他强调："所有孩子都应该是平等的，不能被分类、贴标签。"

（三）注重战略思考：倡导对教育问题的哲学沉思，强化价值教育的深刻性和实效性

价值教育是一个世界性主题，如何避免教育的肤浅、片面和急功近利，

强化其科学理性、伦理正当性和实践效果，值得深入研究。而基于历史分析的哲学沉思，是教师学习者在世界观、方法论层面对教育本质、内容、途径等的战略思考和教育觉悟。正如休·斯塔基教授在"教育、价值与社会"课程的价值定位中所指出，该课程将帮助学习者运用哲学、社会学观点来思考教育根本问题。他认为，学习者只有借助社会分析和哲学思考，把教育问题与更广泛的社会价值联系起来，才能形成连贯、自主、理性的价值教育主张。这一点，得到Moore教授的认同。

2014年度，伦敦大学学院教育研究院在英国和全球教育学科排名榜上均列第一。对于原因，Moore教授对笔者解释说："这里的教授均看重哲学、社会学对教育的影响，经常从哲学视角审视教育，并把这种思维方式迁移到学生身上。教师哲学功底深厚、理论素养高，才能形成自己的思想和教育流派。这应该是伦敦大学学院教育研究院成功的关键原因之一。"显然，Starkey教授"教育、价值与社会"的课程实践，印证了Moore教授的观点。

（四）注重价值框架的逻辑建构：教学思路清晰，内容丰富，主题鲜明

"教育、价值与社会"课程是伦敦大学学院教育研究院的一门高信度课程，是针对中小学教师（脱产学习）的教育学、教育艺术双学位本科必修课程，已使用多年。Starkey教授作为该课程的主讲导师，对其价值定位、目标、内容、方法、资源保障、效果评价等环节，进行了精心设计。该课程从教育、价值与社会三个领域出发，确立了哲学理解、历史观点、哲学观点、社会学观点和价值教育五个教育重点，帮助学习者形成对教与学问题的哲学理解，开展对政策、教育组织机构等的历史分析，对正义、性别、种族、阶层问题进行社会学分析，通过公民教育、环境教育、宗教教育、性别关系教育等课程落实价值教育任务。

六、研究启示与建议

（一）高度关注教师在价值教育中的关键作用，强化教师对儿童、青少年的积极价值引领

促进儿童青少年身心健康发展，使他们成为合格公民和国家建设者，乃中小学价值教育的根本目标。儿童青少年是发展的主体，任何教育内容只有内化于心，才能外显于行。这就对中小学教师提出了很高的教育要求，他们的道德素养、思维水平和行动能力直接影响着儿童青少年的发展倾向。目前，在强化社会主义核心价值观教育中，针对儿童青少年的课程不少，但基于教师价值教育的课程设计尚显薄弱，针对性强、特色鲜明的教师价值教育教材比较缺乏。价值教育中不同程度地存在着肤浅、简单、急功近利的倾向，往往造成适得其反的结果。忽视对中小学教师的帮助和积极引领，他们就会"以其昏昏，使人昭昭"。

因此，笔者建议，要把教师作为价值教育的关键角色来认识，为他们提供切实有效的帮助，只有涵养好水源，才能培育参天大树。正如美国教育家杜威所说："每个教师都应该意识到他称谓的庄严（realize the dignity of his calling），他是一个特设的社会公仆岗位（a social servant set），要确保合适的社会秩序，拯救正义和社会进步。教师永远是真正的先知先觉（prophet），是宇宙王国里的真正引领者（usherer）。"[①]而教师的觉悟和行动需要社会的支持，需要专家的理论启迪和智慧点拨。

（二）把基于中小学教师的价值教育课程设计作为紧迫课题来研究，形成有特色的高品质教师价值教育课程

教师作为成人学习者，具有与儿童、青少年不尽相同的特点。在设计中小学教师价值教育课程时，要充分尊重教师的主体性和价值觉悟的内生性。休·斯塔基教授的"教育、价值与社会"课程设计和实施策略，为我们提供

---

① John Dewey, My Pedagogic Creed [J]. School Journal Vol. 54, 1897(01):80

了可供借鉴的经验。

在进行中小学教师价值教育课程设计时,要将教学内容融入真实的问题情境中,聚焦有争议主题,鼓励争论和积极思辨,及时进行价值澄清。教育中存在着很多有争议问题,这些是进行价值教育的有效资源。休·斯塔基教授的课程具有强烈的问题意识,他总是在真实生动的问题情境中展开教学,基于问题、分析问题、解决问题、再发现新问题的"问题环"运行不息。Starkey教授常含而不露,扮演了寓有形价值引领于无形教学之中的高明导师角色,鼓励教师学习者主动寻找、思考那些有争议的教育问题,借助个人反思、小组讨论、互相争论和观点分享来进行价值澄清。这就说明,我们在进行价值教育课程设计时,既要关注真实问题,强化课程的问题情境,也要给教师提供现身示范,把类似Starkey教授这样的高明教师作为优秀案例纳入教材之中。

(三)依托价值教育主题,倡导中小学教师对教育问题进行社会学、历史学分析和哲学沉思,强化教师价值思考的深刻性

通过对Starkey教授"教育、价值与社会"课程的分析和其教学的切身体验,笔者发现,他把对教师学习者进行哲学沉思的要求与确立丰富而完善的价值教育内容框架进行有机结合,使其互相支撑。Starkey教授所确定的5个学习重点提供了实践方向,而具体价值教育主题的确立和实施则成为其教学目标的依托和保障。这就启示我们,在进行中小学教师价值教育课程设计时,要把"富强、民主、文明、和谐,自由、平等、公正、法治,爱国、敬业、诚信、友善"12个核心价值进行概念细化和主题深化,借助一些有争议问题,鼓励教师积极思辨,忌讳从概念到概念的形而上学式课程。社会主义核心价值观从国家、社会、公民三个维度界定了我国公民价值观的"最大公约数"。2014年,习近平总书记提出:"要高举各民族大团结的旗帜,在各民族中牢固树立国家意识、公民意识、中华民族共同体意识,最大限度团结依

靠各族群众,使每个民族、每个公民都为实现中华民族伟大复兴的中国梦贡献力量,共享祖国繁荣发展的成果。"大中小学价值教育的途径之一是,把公民意识与国家意识、中华民族共同体意识整合在一起,强化教育、价值和社会的内在关系,为实现中华民族伟大复兴的中国梦奠定价值教育基础。 教师在进入真实问题情境以后,专业研究者要及时帮助教师以反思者、解决者的身份进行学术研究,努力成为"教师研究者、理论家"(teacher as researcher and theorist)[1]和"教师战略家"(teacher-strategist)。[2]要积极鼓励教师"从你过去的最好中学习。我们的意见是,教师们都有自己卓越的经历,他们以某种方法处理教室里发生的问题时,往往无法复制那些经典的范例。我们要向自我最好的过去学习(learning from the best of your past),把自己带向最好的未来(take into the best of the future)。"[3]

中小学价值教育是一个需要系统思考和实践探索的重要领域,教师的作用和言行是价值教育的关键,高品质价值教育课程是教师发挥积极价值引领作用的"智慧活水"。英国伦敦大学教育研究院休·斯塔基教授的"教育、价值与社会"课程,为我们提供了可以思考和借鉴的范例。

---

[1] Alex Moore, Teaching and Learning: Pedagogy, Curriculum and Culture [M]. Second edition, by Routledge, 2 Park Square, Milton Park, Abington, Oxon, OX14 4RN(in the USA and Canada). 2012:127

[2] 同上,第129页

[3] Chris Watkins, Eileen Carnell and Caroline Lodge, Effective Learning in Classrooms [M]. Paul Chapman Publishing, 1 Oliver's Yard, 55 City Road, London EC1Y 1SP, 2007:163

第三章
早期教育的后续影响力

概要

英国"有效学前、中小学教育项目"(EPPSE 3—16岁)揭示的教育真相是,学前教育投资是黄金般教育投资,早期教育质量的影响力是决定性的。不让孩子输在起跑线上,从教育政策来讲,就是更加重视学前教育和小学教育。

第一节 "有效学前、中小学教育项目"（EPPSE 3—16 岁）真相

人类已进入终身学习时代，不断学习成为人们生活、工作的重要内容。值得关注的是，世界上许多国家、特别是西方发达国家的教育政策重心正在明显调整、前移，日益关注早期教育和人生成长的开端时期，早期教育投资力度显著加大。早期教育对人的可持续发展、生活幸福和国家文明强盛有哪些影响？影响程度如何？我国教育决策应如何应对这种形势？英国"有效学前、中小学教育项目"（Effective Pre-School, Primary and Secondary Education Project, 缩写为EPPSE）成果值得关注。

一、研究缘起

英国"有效学前、中小学教育项目"（EPPSE 3—14），[①] 始于1997年，由牛津大学、伦敦大学学院、伦敦大学组成专家团队和课题组，对3000余名儿童、中小学生接受早期教育之后的身心发展状况开展跟踪研究，已持续多年时间，倍受社会瞩目。

2011年7到8月，笔者在牛津大学教育系参加"教育决策者领导力与公共政策"专题学习时，第一次接触该项目。英国EPPSE项目首席专家、牛津大学教育系Kathy Sylva教授系统介绍了该项目的研究过程、阶段成果和对英国教育决策的重大影响。虽然是初次接触，但该项目的研究思路、方法、内容、结论、战略价值引起笔者的高度关注，开始了专题研究。

[①] Pam Sammons et al, *Influences on students' dispositions in key stage 3: exploring enjoyment of school, popularity, anxiety, citizenship values and academic self-concept in year 9*, Institute of Education, University of London, 2011:1

2014年9月，笔者在国家留学基金委和北京教育科学研究院资助下，到英国EPPSE项目的组织协调和执行机构——伦敦大学教育研究院进行访学，进一步接触到EPPSE项目，系统获得该项目第一手资料，开启了对其成果进行系统研究的大门。

二、研究思路

英国早期教育历史悠久，机构种类多，但地区差异很大，良莠不齐，社会不满意情绪日甚。英国专家对早期教育效果的研究成果不少，但缺少大样本、综合性、有说服力的研究数据和结论，政府关于早期教育的决策犹豫不决。早期教育是否必要？英国早期教育是否有成效？政府的早期教育供给是否合理？如何改善早期教育的社会服务和政策支持？专家们的系列研究报告对英国政府早期教育政策提出了质疑。

为回应社会的关切，1997年，英国教育部投入巨额研究资金，委托牛津大学教育系、伦敦大学教育研究院和伯克贝克学院，共同实施"有效学前、中小学教育项目"（EPPSE），研究持续至2014年9月。

通过对该项目成果资料的学习、研究和分析，笔者发现，EPPSE项目的研究目标明确，研究重点清晰，研究方法合理，研究结论重要。随着时间推移和研究对象的变化，EPPSE目标与重点不断调整、补充和完善，确保了研究成果的信度和效度。

1997年，EPPE项目（Effective Provision of Pre-School Education Project，早期名称）[1]目标和研究要点是：针对那些从学前教育开始到关键阶段1结束（或接近完成）的儿童样本群体及其家庭，对他们个性发展、社会行为和学业生涯轨迹进行清晰描述；从广阔社会和文化背景中对比分析3000名儿童样本从家庭进入早期教育机构以后的发展进步状况；从入学到小学2年级的阶段教育影响中，分辨出儿童早期教育经历的影响力；确认一些学前教育中心是否

---

[1] Pam Sammons et al, *Characteristics of the EPPE project sample at entry to the study*, Institute of Education, University of London, 1999:2

比其他机构，在促进儿童3—5岁、5—7岁关键阶段时期的个性、行为和学习更有效；从最有成效的早期教育机构里发现儿童身心发展结构和过程方面的个体特征；调查不同学生组发展的区别，如，第二语言为英语的学生组、处境不利家庭的孩子组和男女生混合组；调查早期教育对关键阶段1学生表现的中期影响，它是否能对孩子今后发展产生长期影响；把早期教育的供给效果与家庭劳动力市场参与（父母就业）联系起来。①

2011年，EPPSE项目（3—14岁）对目标和研究重点进行如下修正：调查关键阶段3时学生样本（9年级、14岁学生）的个性、行为、学习成绩与个人背景、父母和家庭学习环境间的关系；探索学前教育机构、小学和中学经历的影响，特别是学生品格发展和学习成效对以后发展结果及学术进步的影响；考察学前机构状况、家庭学习环境、小学经历对孩子学业发展水平的综合影响；评价早期机构和小学的影响是否对处境不利孩子有所不同；调查学前机构、小学和中学经历对学生学业发展水平的综合影响；调查9年级学生样本当前发展水平，以及他们关键阶段3的进步情况；探究教学、学校经历和学生学术自我认知的影响结果。②

2014年，EPPSE（3—16岁）对目标和要点又做表述：义务教育结束时，提供合适的学生生活和青少年行为；创造基于16岁学生自我调查报告的促进个性发展和人生幸福的教育措施；探索学生、家长、家庭学习环境、社区等变量对学生学习、行为、性格和福祉的不同影响；探索学前、小学和中学阶段教育措施对学生发展的影响；调查学生人际关系和中学经历对其性格、学习、福祉的影响。③

作为一项17年的跨世纪教育决策研究工程，英国"有效学前、中小学教

---

① Pam Sammons et al, *Characteristics of the EPPE project sample at entry to the study*, 1999:3

② Pam Sammons et al, *Influences on students' development in key stage 3: social-behavioural outcomes in year 9*, Institute of Education, University of London, 2011:2

③ Pam Sammons et al, *Influences on students' dispositions and well-being in Key Stage 4 age 16*, Institute of Education, University of London, 2014:5

育项目"(EPPSE)的宏观目标可概括为：为英国政府进行早期教育的重大决策提供战略支撑和学术依据。

三、研究过程

（一）研究组织与阶段

伦敦大学教育研究院是该项目的组织协调机构和执行单位。牛津大学教育系Kathy Sylva教授、Pam Sammons教授，伦敦大学教育研究院Iram Siraj教授、Brenda Taggart教授，及伦敦大学伯克贝克学院Edward Melhuish教授5人组成核心专家团队，共同实施了这个引人关注的教育决策研究项目。该项目得到英国6个地区教育局和众多中小学、早期教育机构的协助。[①]

EPPSE项目分三个研究阶段。1997年到2003年为研究的初期阶段，项目名称为"学前教育有效供给工程"（EPPE），重点研究早期教育的状况和初步效果；2004年到2008年为研究的中期阶段，把中小学教育的影响纳入研究中，项目名称调整为"有效学前、中小学教育项目"（EPPSE）；2009年到2014年为研究的结束阶段，运用日益丰富的数据对前期、中期研究结论进行验证，项目最终研究成果得到英国教育部的认可。

（二）研究方法与样本

EPPSE项目运用定性、定量相结合的方法（包括多层次建模方法）进行研究，辅之以访谈方法、个案研究法。[②]但定量跟踪研究是该项目的最基本方法，研究人员通过科学数据的对比分析，来揭示早期教育状况的后续影响力，成为本项目研究的最重要特色。

EPPSE项目样本包括学生、家庭和教育机构三个方面。因为该项目持续时间长，在研究后期，样本有少量减少，但不影响研究结果的基本信度和效度。

---

① Pam Sammons et al, *Characteristics of the EPPE project sample at entry to the study*, 1999:3

② Pam Sammons et al, *Characteristics of the EPPE project sample at entry to the study*, 1999:1

经随机选择，3172个3岁儿童确定为原始样本，其中，315个孩子来自不参加学前教育的家庭。从2025个学前教育机构的20个中，随机选择500名孩子，作为对照样本。① 在后期研究中，因为一些数据的丢失，项目组采用多重插补方法进行处理，3172个初始样本减少为3002个。② 3172个孩子样本的家庭作为家庭样本。在研究开始之前，项目组与每个样本孩子的监护人签署了"同意孩子参与本项目研究"的协议书。③ 1997年1月至1999年4月，经随机选择，114个学前教育机构被选为样本，涉及6种类型。1999年以后，这个样本量扩大为141个。④ 随着样本群体进入中小学，他们所在的学校陆续成为研究的样本学校，数据的采集跨越了关键阶段1、2、3、4等4个教育时期。2014年9月的最终研究报告，涉及3到7岁、8到11岁、12到14岁、15到16岁不同年龄阶段孩子的发展水平。

为增强该项目的代表性和应用性，1998—2003年，总课题组在英国北爱尔兰地区进行了"北爱尔兰有效学前教育供给"（The Effective Pre-school Provision in Northern Ireland，缩写为EPPNI）项目研究，随即选择了70个学前教育中心的3—4岁孩子作为研究对象。该研究数据与英格兰地区的研究数据进行整合，进行对比分析。⑤

---

① Pam Sammons et al, *Influences on students' development in key stage 3:social-behavioural outcomes in year 9*, 2011:5

② Pam Sammons et al, *Influences on students' development in key stage 3:social-behavioural outcomes in year 9*, 2011:2

③ Edward Melhuish et al, Parent, *family and child characteristics in relation to type of pre-school and socio-economic differences*, Institute of Education, University of London, 1999:4

④ Pam Sammons et al, *Influences on students' attainment and progress in key stage 3:academic outcomes in English, Maths and Science in year 9*, Institute of Education, University of London, 2011:5

⑤ Edward Melhuish et al, Parent, *family and child characteristics in relation to type of pre-school and socio-economic differences*, Institute of Education, University of London, 1999:6-7

第二节　EPPSE 研究的基本观点

英国EPPSE项目持续时间长，信息丰富，数据量庞大，表格繁多，研究对象多元，归因复杂，前后发表的研究报告数百篇、专著10余部，公开学术成果数百万字。如何对其进行深入而有代表性的研究，是个难题。本文采取"以点带面、有所为有所不为"的思路，把研究重点对准2014年9月英国教育部正式公布的11年级（16岁）学生样本的个性、社会行为和学习方面的主要研究结果，对其核心观点进行汇总、整合、分析和比较，对其个别数据表格进行不影响真实性的调整。选择该对象的原因是，这个学生群体作为初始样本，从3岁长到16岁，经历了学前、小学、中学三个不同教育阶段，时间跨度大，阶段完整，教育影响力持续时间长，早期教育、中小学教育对他们的后期发展产生的影响程度如何、结果怎样，更值得关注。因为时间更长，其研究结果的客观性、科学性相对充分。但在分析研究过程中，本文尽力参照了该项目早期、中期的研究成果，与后期研究成果中其他年龄阶段孩子的发展数据进行综合考虑，同时参阅了伦敦大学教育学院另外两项早期教育研究的最新成果，进行观点上的补证和旁证，以努力揭示该项目研究成果的全貌，增强跨文化研究的信度。但EPPSE（3—16岁）项目11年级16岁学生样本的数据和身心发展结果为本文研究的基准点。

一、学生本人、父母和家庭学习环境对11年级16岁学生个性成长产生了明显影响（Net Influences on Dispositions）[1]

16岁学生的5个品格，即心理幸福感、学校快乐、不满意行为、对同学

---

[1] Pam Sammons et al, *Influences on students' dispositions and well-being in Key Stage 4 age 16*, 2014:7-10

影响的抵抗和学习整体自我认知，均出现明显变化。研究结果表明，学生本人、家长及家庭学习环境对16岁学生个性发展产生了显著影响。

1. 学生性别、年龄和种族特点对他们个性发展有明显影响

男女生性别差异明显。女生心理幸福感比较低（ES=-0.45），（ES=Effect Sizes，效度，代表不同变量间因果关系强弱的指标，下同），[1]但不满意行为水平更低（ES=-0.45），她们对同伴影响的抵抗力比男生强（ES=0.34）。"然而，如把这种性别差异考虑进去，男生对学习的自我认知就显得更积极（ES=0.20）。类似的情况也出现在关键阶段3时期的14岁学生群体身上。"[2]英国白人学生与其他族群学生个性发展上存在明显差异，鉴于实验组中这些族群学生人数偏少，这种差异更应小心对待。"非洲裔学生在心理幸福感上比英国白人学生（ES=0.52）更积极。"[3]巴基斯坦裔学生的学校快乐指数（ES=0.59）明显比他们的总体学习自我认知指数（ES=0.35）高，但不满意行为水平（ES=-0.56）偏低。"印度裔学生学校快乐指数高于英国白人学生（ES=0.60）。与白人学生（ES=-0.29）一样，混血学生的预期心理幸福感贫乏（ES=-0.27），学校快乐指数偏低。"[4]

2. 父母职业、学历、婚姻关系状况对子女的个性成长影响明显

学前时期妈妈为全职工作的11年级学生学校快乐指数高（ES=0.19），然而，如果其父亲失业，学生的预期不满意行为指数就比较高（ES=0.21）。父母学历高的学生，总体学习自我认知水平更高（妈妈的影响度，ES=0.42），学校快乐度更高（父亲影响度 ES=0.31），但其对同伴影响的抵抗力比较低。

3. 家庭学习环境与学生个性发展关系密切

---

[1] Pam Sammons et al, *Influences on students' development in key stage 3: social-behavioural outcomes in year 9*, 2011:194

[2] Pam Sammons et al, *Influences on students' dispositions and well-being in Key Stage 4 age 16*, 2014:8

[3] 同上。

[4] 同上。

学前接受过高质量家庭教育的16岁学生,与那些曾接受低质量家庭教育的16岁孩子相比,学习总体自我认知水平和学校快乐指数(ES=0.26)明显偏高。小学时期与父母关系密切学生的不满意行为指数更低(中等 ES=- 0.23,高 ES=- 0.33,与参照组相比低)。中学时期父母对子女的学习监管更多,意味着学生拥有更好的心理幸福感(ES=0.43)、不断增加的学校快乐指数(ES=0.59)、更高的学习总体自我认知水平(ES=0.22)、对同伴影响的更强抵抗力(ES=0.48),以及更低的不满意行为指数(ES=- 0.47)。中学阶段学生家庭生活的丰富和高水平,也意味着学生在学校更快乐(ES=0.37),学习总体自我认知水平更高(ES=0.39),不满意行为指数更低(ES=- 0.40)。

4. 邻居关系状况对学生心理幸福感和不满意行为指数的影响显著

与认为邻居安全的学生相比,认为邻居不安全学生的心理幸福感(ES=0.60)和学校快乐指数(ES=0.53)明显偏低。[1]与那些父母认为邻居很安全的学生相比,父母认为邻居很不安全的学生的不满意行为指数很高。

5. 有特殊教育需求的学生个性发展处境明显不利

在对家长、家庭学习环境和邻居等影响进行控制之后,研究发现,有特殊教育需求的学生,他们的学校快乐指数(ES=- 0.66)和学习整体自我认知水平(ES=- 0.68)非常低,而不满意行为指数很高(ES=0.54)。

6. 健康状况、家庭状态、伙伴关系等相关因素对学生个性发展具有直接影响

健康状况差的学生,心理幸福感(ES=- 1.37)、学习总体自我认知水平(ES=- 0.54)和学校快乐等方面的得分水平(ES=- 0.50)非常低,而不满意行为水平高(ES=0.34)。来自家长和学生的数据表明,家庭不和谐(ES=-0.27)、父母之间经常吵架,这样学生的心理幸福感很低(ES=- 0.22)。很少与家庭一起吃晚餐的学生心理幸福感也相当低(ES=- 0.13)。

---

[1] Pam Sammons et al, *Influences on students' dispositions and well-being in Key Stage 4 age 16*, 2014:9

家庭要求严格（如，要求学生按时回家）的学生往往有更高的心理幸福感（ES=0.30）。对心理幸福感低的孩子来说，特别是对于那些经常独处（ES=−0.27）、或感觉被朋友小组排斥的9年级14岁学生（ES=−0.32）来说，朋友关系对改善他们的幸福感非常重要。

7. 学习与个性发展呈现正相关

在对学生的背景影响进行控制之后发现，学习成绩优秀的学生容易具有更好的学习总体自我认知、更强的学校快乐感和更少的不满意行为。另外，国家普通中等教育毕业考试成绩也揭示，学生的高分数与更好的心理幸福感、更强的同伴影响抵抗力有关，虽然这种影响度比较小（ES≤0.20）。

8. 教育质量对学生个性发展有一定影响，后期教育的影响更明显

随着时间推移，与改善学生学习成绩、行为表现所采取的教育举措相比，学前机构、中小学致力于提高学生主观幸福感的举措往往缺少稳定性。所以，更早的教育经历在塑造学生品格方面未体现出特别影响力，也许就不足为奇了。在学习成效高的小学就读的学生往往有更高的学习总体自我认知水平。这可能反映了参加EPPSE项目的学校在改善中学教育阶段（关键阶段3和4时期）学生学习成绩的显著成效。中学教育很重要，特别体现在培养学生的学校快乐感方面。在更有学习成效的中学就读，意味着学生的不满意行为水平比较低（ES=−0.14）。在学校评价等级高的学校就读的学生，心理幸福感水平明显更高。

二、早期教育对16岁学生社会行为发展产生了不同的影响[①]

1. 学生本人、家长及家庭的特点明显影响学生的社会行为表现

同年出生的学生组里，更年轻学生的社会行为和进步不如年龄大的学生，夏季出生的学生不如秋天出生的学生。平均而言，那些来自处境更不利家庭或父母教育背景差的学生，在学校的行为表现比较差。来自单亲家庭或者孩

---

① https://www.gov.uk/government/publications/influences-on-students-development-at-age-16，2015-05-29

子很多（3个或者以上）家庭的学生，在社会行为和进步方面表现比较差，虽然其幅度比较小，但从数据意义上讲，影响力依然很明显。更积极的家庭学习环境持续对16岁学生的社会行为结果产生积极影响。

2. 早期教育对16岁学生的社会行为表现依然有影响，但影响力度弱化

从长远上看，接受高质量的早期教育意味着16岁学生更好的社会行为表现，虽然这种效果变小。中学教育对16岁学生样本产生了不同的结果。在特殊教育需求学生比例很高的中学就读，对学生而言，意味着更差的社会行为结果（自我管理能力和前社会能力弱，反社会行为增加），尽管这种影响弱，但在数据意义上很明显。在关键阶段4时期，学校情感氛围、师生间积极关系、来自教师支持的体验、教师专业投入，及来自教师的明确教育反馈，成为11年级末期16岁学生积极社会行为表现的重要影响因素。

三、学生本人、家庭和邻里关系特点继续对16岁学生的学习成绩产生显著影响[1]

1. 学生特点对自己整个中学教育阶段（关键阶段2至4时期）的进步产生着影响

有如下特点的学生进步更大：在本组中年龄更大（夏天出生的好于秋天出生的孩子）、性别为女孩、父母学历高、父母社会经济地位更高、家庭收入更高，不具备免费校餐资格。在中等教育会考中，女孩的英语成绩好于男生，总体平均成绩更高，中等教育会考成绩更加全面。

2. 父母背景和家庭环境对学生的学习成绩影响深刻

学生父母的教育背景严重影响学生的考试成绩。考虑到其他背景的特点，父母学历水平高的学生考试成绩更好，两门会考科目和其他4门会考科目的分数均比较高。父母的最高学历水平对子女英语、数学的会考成绩影响最大，

---

[1] https://www.gov.uk/government/publications/influences-on-students-development-at-age-16，2015-05-20

能达到 5 A*—C①的关键基准指标水平。激励性更强的学前时期家庭学习环境帮助学生实现了更长时间的好成绩。

3. 邻里关系质量对学生英语、数学成绩的影响更大

生活在社会处境不利的邻里关系中（低收入、孩子数量多），意味着学生的中学会考成绩比较差。另外，邻里关系不安全导致了学生中考的英语、数学分数更低，数学成绩进步也比较小。邻居中白人英国家庭的高比例成为制约学生英语成绩的负面因素；邻居中犯罪率越高，学生的数学成绩就越差。

4. 学生学前教育的出勤率、质量和时间对他们学习成绩有长期影响

接受任何的早期教育，均成为16岁学生所有中考成绩的积极影响因素，学生参加的考试科目会更加全面，英语、数学分数更高，达到 5 A*—C 的可能性更高。如果早期教育机构的教育质量高，孩子当时待在那里的时间越长，这种后期积极影响就越大。"早期教育能够协助儿童对抗处境不利因素的负面影响。对那些来自低品质家庭的孩子来说，早期教育更是一个特别的影响因素。"②

5. 小学教育对学生学习的影响力持续到关键阶段4时期

接受学习成效高的小学教育的学生，在以后的数学考试中有优势。与接受学习成效差的小学教育的学生相比，这些学生中考数学成绩更好。而且，在英国文凭考试中，接受中等质量或更好质量小学教育的学生，其考试通过率几乎是那些来自学习成效差的小学学生的2倍。英国教育标准局对学校的督导评分的上升（Contextual Value Added, CVA），意味着学生的成绩达标和进步。

---

① 5 A*—C是指A-Level的成绩为5个A*至C之间。A-Level (General Certificate of Education Advanced Level)，英国高中课程，是英国全民课程体系，是英国普通中等教育证书考试高级水平课程，也是英国学生的大学入学考试课程。A-Level 的成绩分为A、B、C、D、E、U六个等级，A 为最优，E 为通过，U 为不及格。总分还有A*的评定。

② https://www.gov.uk/government/publications/influences-on-students-development-at-age-16, 2014-12-29

6. 中学质量既对学生中考成绩、也对学生中学阶段的发展产生显著影响

在"杰出"等级学校就读的学生,与那些在"不合格"等级学校就读的学生相比,中考英语、数学成绩都更好,达到5A*—C等级的可能性更高。英国文凭的考试通过率也更高。英国教育标准局对学校的等级评价促进了实验组学生从关键阶段2到4的英语、数学学习进步。在学习成效高的中学就读的学生,中考成绩有整体优势(ES=0.42),不是单指英语或数学某科。

四、总体结论

1. 早期教育(学前、中小学)的影响力在学生7—9岁、9—11岁、12—14岁、15—16岁年龄阶段均得到明显体现

学前教育影响力持久,儿童是否接受早期教育、接受教育的时间、质量均对他们后期的学习产生长远影响。在他们15—16岁时、甚至工作后,这种影响力依然明显。接受高质量的早期教育,意味着学生今后更好的个性发展、社会行为表现和学习成绩。伦敦大学教育研究院教授Iram Siraj指出,"这个项目清晰勾勒了家庭背景、早期教育、学校及社会等因素,对16岁学生成长状态及未来发展交互影响痕迹的路线图。我们发现,甚至在孩子12岁时,这种影响力已体现在其身心发展的各个方面。高质量早期教育等于更高的经济回报和社会回报,预计他们工作后,比未接受高质量早期教育的孩子至少多挣27000英镑。"[①]

2. 父母教育背景、社会经济地位以及家庭学习环境对学生的未来发展具有关键影响

孩子12岁前,父母及家庭的教育影响力居第一。之后,社区、学校的影响力明显增强。随着孩子年龄增加,多种社会不利因素影响更加明显。在这些不利影响因素中,妈妈教育程度差排列第一,父亲教育程度差、社会经济地位低排第二位,家庭子女太多(超过3个)排第三,母语非英语(汉语除

---

① Iram Siraj, *Children who have early education get better GCSE results*, http://www.ioe.ac.uk/newsEvents/104206.html, 2014-12-29

外）家庭因素排列第四，父母健康状况不良排列第五，孩子出生时体重太轻排列第六。"特别是，高质量的早期教育能够协助孩子对抗父母学历低、家庭经济社会处境不利所带来的挑战，取得个性、社会行为及学习方面的主动权。"①

3. 早期教育质量对学生个性发展、社会行为表现和学习成绩（英语、数学和科学）均产生全面的影响

早期教育质量对学生学习成绩的影响力大于对其个性发展、社会行为表现的影响力。特别是，早期教育对小学六年级学生英语和数学成绩影响力明显，而对数学学习的影响力大于对英语学习的影响力。16岁时，这种教育影响力得到最终体现。接受高质量早期教育的孩子，能够获得更好的中等教育考试分数，上更好的大学，而且工作后，他们的收入将更高。牛津大学教育系教授Kathy Sylva女士指出，"本项目致力于儿童早期教育长远价值的研究，在欧洲具有开创意义。研究结论非常明确，功夫不负有心人，良好的早期教育必定事半功倍。高质量早期教育是政府对孩子人生幸福和国家光明未来的投资，必定会赢得高回报。"②

4. 学前机构、小学、中学的教育质量以及学生家庭学习环境之间呈现互相影响的正向教育关系

早期教育的积极影响越大，后期的积极影响也越大。早期教育的消极影响越严重，其造成的负面教育结果也越严重。正如2014年9月9日英国教育部正式公布EPPSE最终研究结论所说，"政府投资早期教育将事半功倍，高质量的早期教育能得到很高的教育和经济回报，接受良好早期教育的英国学生中等教育毕业成绩普遍更好，参加工作后工资更高"。

---

① Pam Sammons et al, *Influences on students' GCSE attainment and progress at age 16*, 2014:6

② https://www.gov.uk/government/news/children-who-have-early-education-get-higher-gcses, 2014-12-29

第三节 EPPES 项目研究的特点与启示

一、研究特点

1. 战略性

EPPES 项目属于英国教育战略规划的一部分，这就使其具有战略价值，主要体现在它对英国政府宏观教育决策方向、内容和重点的巨大支撑作用，对国家教育政策的全局性影响。在研究中，笔者发现，英国教育部高度重视本项目的战略"智库"价值。17 年间，虽然英国政府换届不断，但对该项目的资助从未停止。基于 EPPES 项目大量高水平研究成果的有力支撑，英国教育部逐步认识到高质量早期教育的战略性价值，并改进了决策。

2. 长期性

英国 EPPES 项目包括早期、中期和后期三个阶段，可谓跨世纪教育决策研究工程，长达 17 年，周期之长，非常罕见。决策研究一般具有地位重要、任务急、时间短、见效要快但深度不足等特点。但 EPPES 项目通过长期研究和论证，很好克服了急功近利倾向对研究科学性、客观性的干扰。本项目原设计 5 年时间完成，但研究的重要性和复杂性使得政府、研究者共同认为，应该继续深入研究，对研究观点进行再论证。所以，2003 年到 2014 年 9 月，本项目又进行了中期和后期研究，数据进一步丰富，研究结果更加可信。

3. 系统性

EPPES 项目是一项复杂的系统性工程，它由英国教育研究专业排名最高的伦敦大学教育学院为主导,会同排名第二的牛津大学教育系,和实力同样强的伦敦大学伯克贝克学院,开展了协作研究,专家之间既有整合,又有分工;科研人员与教育部行政官员、地区教育局、早期教育机构、中小学、家长和学生等之间,进行了良性互动;研究内容既包括学生的个性发展、社会行为表现和学习,也包括学生本人、家庭、社区和教育机构的教育特征;在数据采集和使用上,该项目对初始学生样本进行了17年的研究控制、跟踪和调查,并对其家长、教师进行三次问卷调查和访谈,既依靠课题自身采集的数据,也借助英国教育部、教育标准局公布的数据,以及教师的评价数据。本项目研究的系统性强,实现了效果的整体优化。

4. 科学性

课题研究的科学性是其成果的生命力所在。EPPES项目研究涉及的因素多,关系复杂,初始样本群体流动性强,可控性弱,需要研究者很强的组织协调能力、宏观设计能力和科学研究能力。英国教育部对这项长达17年的研究给予了政策和经费支持,对专家的研究给予充分尊重,不加干涉,使课题保持了必要的独立性和学术观点的客观性。该项目在5位英国顶尖专家的全力投入下,采取混合性研究方法,既关注样本对象的量特征,又关注样本对象的质特征。该课题以样本信息采集、分层建模、多水平对比、方差分析等方法为基础,还使用了实验法、访谈法、个案研究法。特别是,该课题还注意发挥学生在评价中的积极作用,让学生对自己、学校、教师、家庭、社会的教育影响进行评价,来佐证课题结论的有效性。如何在不同的关键阶段,鉴别早期教育(家庭、幼儿园、中小学)的不同影响力是个难题。但该课题综合运用来自家长、教师、学生、官方和本课题的积累数据进行对比分析,比较好地解决了这个问题。在一些重要观点上,课题早期、中期和后期的研究数据互相支撑、补充,研究观点被完善、修正和反复论证,研究的结论既体现了阶段性,又具有完整性和一致性。因为研究的科学性强,该项目成果刊登在《科学》①《社会》②等杂志上，受到社会瞩目。

5. 应用性

EPPES项目作为一项英国教育部资助的行政决策研究项目，虽然需要教育理论和研究方法的支撑，但它本质上是一项实践性很强的应用研究项目，是否对教育实践的发展有作用，是衡量本课题价值的重要指标。笔者的研究发现，由于本课题研究成果的说服力强，观点鲜明，反馈及时，有效促进了英国政府教育决策重心的调整。可以说，EPPES项目成果对英国政府教育决策和教育实践产生了重大影响。

二、社会影响力

EPPES项目实施17年间，英国政府启动了"确保开端计划"，教育决策出现向学前教育阶段明显倾斜的趋势，早期教育财政预算金额大幅度提高。经费从2001—2002年度的1.8亿英镑，增至2007—2008年度的17.6亿英镑，增幅近10倍；③其占GDP比重从2003年度的不足0.2%增长至2012年度的0.4%以上。④2006年，英国政府颁布《儿童保育法》；⑤2009年，实行新学前教育督导评估指标。截至2014年9月，英国政府共投资建设了23551个托儿所和学前机构，为所有3—4岁儿童提供每周15小时的免费养育，2岁儿童享受15小时免费早期养育的贫困家庭百分比增长了一倍，达到40%。2015年起，养育小孩的工薪家庭将享受每个孩子每年近2000英镑的免费早期教育资助。⑥英国

---

① Melhuish et al, *Preschool influences on mathematics achievement*, Pennsylvania(USA): Science, 321, 2008:1161-1162

② Melhuish et al, Effects of the home learning environment and preschool center experience upon literacy and numeracy development in early primary school, Washington(USA):Journal of Social Issues, 64, 2008:157-188

③ http://www.opsi.gov.uk/acts/acts2007/pdf/ukpga_20070010_en.pdf, 2015-4-20

④ http://www.ifs.org.uk/budgets/gb2014/gb2014_ch8.pdf, 2015-4-20

⑤ http://www.legislation.gov.uk/ukpga/2006/21/contents, 2014-12-30

⑥ https://www.gov.uk/free-early-education, 2014-12-30

重视早期教育产生了积极回报，教育质量明显改善，英国教育水平综合排名在经合组织38个成员国中的排名上升了12位。① 英国教育质量监督局还加强了对所有政府投资的托儿所和学前机构的质量督导，对约17%（4000个）教育质量有问题的托儿所和学前机构，提出了明确的整改要求。②

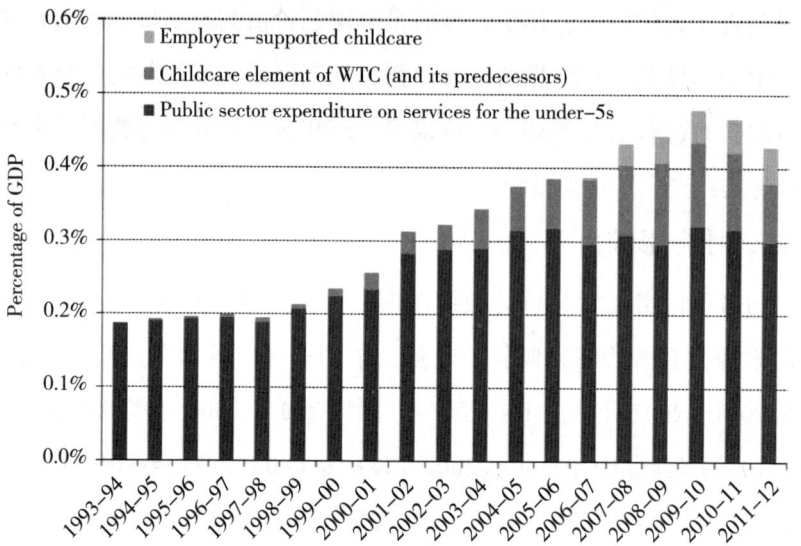

图1　英国中央政府早期教育经费占GDP比重的增长情况③（1993年至2012年）

三、研究的局限性

首先，EPPES项目对儿童青少年身心发展的先天和外在环境因素影响看得过重。EPPES项目虽然关注到了学生本人特点的教育影响，对儿童青少年的个性品质、社会行为表现、幸福感、自我管理、家庭学习等进行了分析，

---

① Tarek Mostafa and Andy Green, *Measuring the impact of universal pre-school education and care on literacy performance scores*, LLAKES Research Paper 36, Institute of Education, University of London, 2012:23

② Graeme Paton, *Ofsted: 4,000 nurseries in England 'not good enough'*, http://www.telegraph.co.uk/education/educationnews/11121287/Ofsted-4000-nurseries-in-England-not-good-enough.html，2014-12-30

③ http://www.ifs.org.uk/budgets/gb2014/gb2014_ch8.pdf，2014-12-30

但过于强调儿童青少年性别、年龄、种族、父母社会经济地位、家庭环境等社会属性的影响力，得出的结论是：早期教育、家庭教育很重要，在优质的早期教育机构、中小学就读，就意味着学生分数更高、发展更好。这就产生了一个明显的教育悖论：英国大部分白人家庭的孩子，生活条件、教育条件相对优越，但他们社会行为表现、学习成绩差的人数比例很高，与生活条件、教育条件不太好的其他种族学生相比，有显著差距。[①]

其次，研究者对儿童青少年主观能动性在自身发展中的积极作用有所忽视。该项目对儿童青少年早期教育（学前教育、中小学教育）、家长、家庭环境和社区环境等因素的教育影响力给予了非常充分的肯定，但学生们在处境不利学校、家庭和社区环境中的主观能动性、主体间性在一定程度上被忽视。在对该项目成果资料的系统研究中，笔者发现，EPPES项目对儿童青少年的价值观、学习态度、兴趣、动机和个人意志品质在自身发展中重要作用的研究比较弱化，研究视角聚焦于外部环境因素影响，缺少对先天环境虽不利但后天发展良好的学生样本的案例研究，儿童青少年在外部环境影响下显得比较被动，早期处境不利环境似乎成为学生水平存在差异、特别是问题学生出现的必然原因和无法突破的魔障。该成果的一个观点是，具备免费校餐资格的学生在各方面的表现普遍很差。笔者认为，这个研究结论是值得商榷的，它可能带来一定的教育误导性，值得警惕。

再者，研究的样本量偏小。本研究的学生初始样本量为3172人，但在研究过程中，因为转学等原因，出现样本流失问题，实际样本为3002人，而2014年9月发布的16岁学生初始样本量仅为2582人。[②]而英国教育部的数据

[①] Anna Davis, *Ofsted alarm over exam results of white pupils*, London: Evening Standard, 2014-12-30

[②] Pam Sammons et al, *Influences on students' GCSE attainment and progress at age 16*, 2014:9

显示，2014年有中、小学生830万人①。显然，对于一个国家级教育行政决策研究来说，3‰的抽样比例尚不充分，其研究结论的适用性难免会受到一定程度的限制。

还有，研究中某些数据、语言表述尚不严谨，一些数据与观点间存在逻辑矛盾。比如，项目在分析英国白人学生与其他族群学生个性发展上存在明显差异时，表述如下，"非洲裔学生在心理幸福感上比英国白人学生（ES=0.52）更强。印度裔学生的学校快乐指数高于英国白人学生（ES=0.60）"。②但此处属于英国白人学生的两个效度指数（ES=0.52、ES=0.60）实际上已经很高，这就与所表述的观点不一致。笔者认为，这里可能存在数据或书写上的错误。再比如，项目在分析16岁学生邻居关系状况对其心理幸福感和不满意行为指数影响的研究中，数据与研究逻辑之间也不一致，原文为"与那些认为自己邻居安全的学生相比，认为邻居不安全的学生的心理幸福感（ES=0.60）和学校快乐指数（ES=0.53）明显偏低"③。但通过对原文数据和研究逻辑的梳理、反复核对，笔者认为，学生心理幸福感效度指数（ES=0.60）和学校快乐效度指数（ES=0.53）是非常高的，原文的观点与实际数据存在矛盾。这种瑕疵在该项目众多报告中的出现概率虽然比较低，但也是值得注意的。

最后，该成果所折射的文化地域性比较强。EPPES项目毕竟是基于英国本土的教育决策研究，其经济文化背景、理念、思路、做法、结果是否非常适应我国国情和教育发展实际，值得进一步研究。特别是，在研究"先天环境与后天个人努力、内因与外因、主体与客体、物质与精神、教育与社会"间的辩证关系方面，英国EPPES项目存在着更注重学生家庭社会经济背景、

---

① https://www.gov.uk/government/uploads/system/uploads/attachment_data/file/335176/2014_SPC_SFR_Text_v101.pdf, 2014-12-30

② Pam Sammons et al, *Influences on students' GCSE attainment and progress at age 16*, 2014:9

③ 同上

客观条件、先天环境、物质基础等外因，对学生、特别是社会经济处境不利家庭孩子的主体地位、主观能动性、意志品质、兴趣、理想信念等内部动机的积极作用，有一定程度的忽视，有些观点值得商榷。毕竟，英国是一个历史悠久的发达资本主义国家，虽然经济文化发达，但社会贫富悬殊，注重家族出身、讲究文化遗传的等级观念根深蒂固，这种价值观必然渗透到本课题研究中。所以，英国EPPES项目的一些观点，是需要冷静分析的。尽管如此，英国EPPES项目成果是具有非常强的原创性，是值得中国同行认真关注、研究、学习和积极借鉴的。

四、启示与政策建议

英国"有效学前、中小学教育项目"（EPPSE）研究表明，早期教育质量对孩子未来各方面发展及社会表现有着直接而深远的影响。基于此，笔者提出如下建议。

（一）重视早期教育在促进教育公平、社会公平方面的价值，强化政府的公共教育责任，增强我国早期教育的义务性、基础性、公益性

在公平、质量与效益的博弈中，决策者应认识到，高质量而公平的早期教育是重要的民生工程、公益工程和智慧工程。早期教育公平是人生发展、教育发展起点的公平，是社会公平的压舱石。不均衡、质量低劣的早期教育是社会不公的催化剂。在儿童青少年成长过程中，每个阶段都很重要，但早期阶段更关键。虽然起点公平不能保证过程公平和结果公平，但如果人生发展和教育起点就很不公平，其发展过程和结果的公平、公正就更难实现。英国专家17年的研究发现，"接受积极有效的早期教育，可以帮助儿童对抗其父母、家庭、社区经济社会处境不利所带来的负面挑战，在中小学阶段取得

积极有利的发展地位。"[①]伦敦大学教育研究院同时进行的另外一项研究成果指出,"广泛而高质量的早期教育供给将带来积极的经济和社会回报,缩小社会不公平的鸿沟,特别对改善女孩的就业有非常显著的推动价值。"[②]这些结论值得借鉴。当前,一些政府部门依然忽视早期教育的义务性、公益性、基础性和战略性特征,导致早期教育投资不足,早期教育机构短缺严重,幼儿园水平差异悬殊,一些幼儿园畸形发展,教育收费过高,很多家庭的早期教育经济负担沉重。政府应提高教育认识水平,增强教育决策的伦理自主性,完善教育政策,把教育决策重心及时进行前移,加大对早期教育、女童教育的公共投资,为老百姓、特别是为社会相对处境不利家庭提供必要的免费早期教育,尽快解决我国早期教育机构严重短缺、差异悬殊、收费不合理等问题,增强早期教育机构的义务性、公益性、基础性功能。"道理已经很清楚,政府对早期教育的投资,是智慧的、有远见的和高回报的投资。"[③]

（二）关注和研究早期教育质量对儿童青少年身心健康发展的独特价值

我国重视早期教育和家庭教育,有"儿童两岁成习、三岁看大、七岁看老"的古训。"教育要从娃娃抓起""不要让孩子输在起跑线上"的理念对众多家长和孩子产生了深刻影响。教育专家对早期教育的研究成果不少,但缺乏类似于英国EPPSE项目的长期性、战略性研究,缺少连续性强的大样本研究数据,一些教育决策研究急功近利,浅尝辄止,结论经不起实践和理论的推敲。国家教育主管部门应密切关注世界早期教育决策的新趋势,认清高质量早期教育的重大社会意义,委托并积极支持我国研究机构开展具有中国特

[①] Pam Sammons et al, *Influences on students' GCSE attainment and progress at age 16*, (September 2014), p. 06.

[②] Andy Green and Tarek Mostafa, *Pre-school Education and Care-a 'Win-Win' Policy?* LLAKES Research Paper 32, Institute of Education, University of London, 2012:31-32

[③] 谢春风,英国:想孩子高收入投资早期教育吧,中国教育报,2014年11月12日

色的早期教育战略研究，围绕"教育与社会、早期教育与人的发展、外部环境影响与个人能动性发挥"等重大问题开展深入研究，建立有中国特色的儿童身心发展数据库，为国家宏观教育决策提供科学支撑。研究要立足于长远，为5年、10年甚至15年以后的教育决策和国家发展服务，避免急功近利倾向对研究的干扰。

（三）整合家庭教育、家长教育、社区教育与学校教育，发挥家长、家庭在儿童青少年个性、社会行为和学习等方面的积极作用

儿童青少年的身心发展是整体性的，教育影响往往出现"多因一果"局面。幼儿园、中小学校很重要，但家庭教育作用关键，父母的教育文化素养往往居主导作用。"不要让孩子输在起跑线上"的希望，不全在幼儿园和中小学，而更多体现在家庭和父母、特别是母亲的言传身教中。政府应该把家庭教育、家长教育、社区教育与学校教育进行战略整合，切实发挥家长、家庭在儿童青少年个性、社会行为和学习等方面的关键作用。但是，许多人对早期教育质量的含义尚存在认识和实践上的误区。不少家长有意无意忽视了自身教育文化素养、家庭学习氛围的改善，盲目把孩子教育成功的希望寄托在所谓名幼儿园、名中小学身上，从而导致孩子早期教育的扭曲。从一定意义上讲，改进家庭教育和家长教育，是我国教育改革的新增长点和新契机。

第四章
教学领导力

概要

英国中小学核心课程得到强化与扩展；好教师就是教育家，以亚历克斯·摩尔（Alex Moore）教授为代表的专家日益关注教师专业成长；好教师的灵魂，多次聆听顾明远教授畅谈师德的启示；牛津大学加强对中国的教育关注和研究，"决策者领导力发展与公共政策项目"成为连接中英优秀人才的纽带；强强联手成为世界名校发展与竞争的内在特征，伦敦大学教育学院（IOE）并入伦敦大学学院（UCL），世界排名一直第一；帝国理工，精益求精，考察伦敦帝国理工学院时感受。

第一节　中小学核心课程的强化与扩展

在英美等西方发达国家，阅读（Reading）、书写（Writing）和算术（Arithmetic），因这几个单词的首位或第二位字母均为R，故简称为3Rs，一直被视为中小学、特别是小学的三门核心课程，地位非常重要。各中小学教师经常把主要精力用在这三科的教学上，官方的各种教育教学评价机构，也把学生的阅读、书写和计算等基础能力，作为其水平考试、质量监测的重点。

近些年来，英美教育界一直在争论一个问题：3Rs对中小学生的未来发展是否够用？如果要扩大中小学的核心课程，第四门课程（4th R）应该是什么？关注这些讨论和教学动向，对我国、特别是对北京市中小学完善教育教学是有借鉴意义的。

一、英国许多学校把主要精力放在3Rs教学上，限制了学生的知识视野和发展潜力

2014年9月，英国教育教学质量检测独立机构——英国教育标准局（the Office for Standards in Education，Ofsted）在教学巡视中发现，学校把过多精力聚焦在了阅读、书写和算术三门功课上，11岁以下的孩子往往被反复告知核心课程的重要性，教师则忽视了对其他功课的教学。Ofsted 学校水平监测中心主任 Mike Cladingbowl 指出，艺术、音乐、历史和地理等基础课程被削弱的情况如果不进行改变，会导致学生失去学科的平衡性和知识的广博性。为扭转这种趋势，Ofsted已经于2014年9月份，推出了新的教学质量监控框架，要求所有学校高度重视学科的广博性、核心课程与基础课程之间的平衡性。Cladingbowl说："我们必须继续重视英语和数学，但不应该以牺牲其他

学科为代价。显然，为了让学生们在英语、数学方面学习得更好，往往需要付出一些其他方面的代价。但问题是，我们应该付出什么代价？哪些方面应该被停止？"Ofsted正在支持一个广博而平衡的课程计划，既不会限制孩子们的阅历和经验，还能为他们进入中学和社会做好准备。Cladingbowl说："究竟能不能在核心课程与基础课程之间，语文与数学、艺术、音乐、历史、地理等学科之间，建立一种平衡？我们将拭目以待！"[1]

二、"第四门核心课程（4th R）究竟是什么"的教育争论，未取得共识

长期以来，在4th R问题上，英美教育界争论不休，从不同的角度提出了很多教学主张。概括起来，第四门核心课程的选项主要有五个。

（一）人际关系课程（Relationship）

该课程来自英国，旨在减少青少年中的暴力行为和危险倾向，通过在家庭、学校、社区，教师、家长和学生之间建立一种合作渠道，来改善教育人际关系。课程将为中小学生提供必要的知识和方法，帮助他们做出正确的决定，形成积极的行为模式，在规避各种负面信息影响下提高自己的社会包容能力。

（二）管理能力课程（Regulation）

该课程主要在美国中小学实施，目标是提供中小学生未来应对社会及家庭经济活动的知识和管理能力，具备未来经济活动的创新能力，在日趋复杂的经济环境中提升国家应对全球经济挑战的能力。而这种能力，需要在中小学生中进行培养。

（三）身心自我调节课程（Relaxation）

该课程来自加拿大安大略省的一些中小学，旨在提高中小学生应对身体、学习、生活及情绪压力的能力，具备进行心理自我调节的知识和技能。同时，

---

[1] http://www.telegraph.co.uk/education/educationnews/11108981/

教师还教给学生一些应对感冒、情绪低落、行为紊乱等方面的知识，以改进健康状况。课程内容主要有静思冥想、微笑、体育活动、音乐、瑜伽等知识。这些方面的技能还被列为考试内容。

（四）艺术课程（Art）

该课程主要来自美国中小学，旨在培养身心合一、德智体美健全的人，重点培养学生的感觉、思维、情感和美好心灵。其教学重点是，提升学生对美的再认知和再生力，在艺术人文课程中重新确认生活的价值，致力于完善宏大而系统的文化。

（五）责任课程（Responsibility）

该课程始于美国俄勒冈州波特兰市的祖籍、种族和性别平等教育中心，旨在通过平等和有效的学校实践，确保教育的卓越特性。该课程认为，为使学生成为社会融合良好、有基本技能的个体，学校提供给他们的学习必需品是平等。而责任教育是确保学校教育平等、有效的必需品，是给所有学生提供优质教育的必需品。强化家校合作关系、构建学习共同体、促进教师职业准备和专业发展、履行成人社会及学校员工的教育责任，成为重点策略。

当然，4th R还有如下课程选择：规则（Rule）、推理能力（Reasoning）、记忆能力（Remembering）、权利（Human Rights）、尊重（Respect）、适应力（Resilience）等。

三、英国中小学教师对过多教育质量评价有颇多怨言，他们的教学压力值得关注

面对来自各级教育质量监测部门的指责，英国中小学教师表达了他们不同的看法。许多教师批评政府部门的教学质量监测活动多而片面。为了应对这些内容单一的质量监测活动，他们不得不把主要精力放在核心课程教学上，艺术、历史等基础课程必然会被忽视。一些校长警告说，Ofsted推出的教学质量监测制度将会失败，原因在于，英国11岁学生的国家水平考试依然围绕

核心课程进行，学校和教师不得不适应这种教育现实。英国校长协会秘书长 Russell Hobby 说："Ofsted 希望它自己关注的问题能够被解决，但英语、数学水平考试制度的教育影响力强大，它对此却无能为力！"

笔者综合分析后认为，建立中小学核心课程与基础课程之间的适度平衡，是质与量之间持久的教育博弈。在强化中小学生基础学力的同时，适度扩展其知识视野和发展潜力，以应对未来复杂生活的挑战，这个选择无疑是正确的。但政府部门和教学质量评价机构观念与行为的革新、特别是升学机制的完善与变革，显然是基础和前提。否则，无论是在英美等国家还是在其他国家，"学校教学围绕着考试转"的被动局面将无法根本改变。

第二节　好教师就是教育家
——Alex Moore 教授专业成长案例分析

教育家是一个神圣的称谓，是无数中小学教师仰慕的偶像。其实，教育家并不神秘，也非高不可攀。无论我国古代大教育家孔子、朱熹，近现代教育家陶行知、陈鹤勤，还是当代教育家顾明远、陶西平、李吉林、魏书生，都是从教育教学实践中产生的。国外的大教育家夸美纽斯、苏霍姆林斯基、马卡连柯也是教师出身。所以，好教师就是教育家，教育家一般出自出色的教师。而英国伦敦大学学院教育研究院资深荣誉教授、教师教育家亚历克斯·摩尔（Alex Moore）的个人成长经历和研究成果，进一步诠释了教师成为教育家的合理逻辑。本文基于亚历克斯·摩尔个人成长经历和学术成果的案例研究，及与他本人的多次交流，拟就"什么是好教师""如何成为好教师和教育家"问题进行初步探讨。

一、教育教学实践：好教师和教育家成长的沃土

亚历克斯·摩尔教授曾任伦敦大学教育学院课程、教育学与评价系主任，教师教育家，长期致力于中小学教师专业发展、课程和教学研究，学校文化、方法论和公民教育领域的成果丰硕，在世界上享有盛誉。其专著《教育多元文化背景的学生：学校教室里的文化主义和反文化主义》（*Teaching Multicultured Students: Culturism and Anti-culturism in School Classrooms*）、《教与学：教育学、课程与文化》（*Teaching and Learning: Pedagogy, Curriculum and Culture*）和《"好老师"：教学和教师教育中的主导话语》（*'The Good Teacher': Dominant Discourses in Teaching and Teacher Education*）在英美畅

销。2014年12月，其专著《教与学：教育学、课程与文化》被著名出版社 Routledge 评选为英国月度教材。2015年2月5日，著名出版社 Blackwell 在伦敦大学学院教育研究院为其最新著作《理解学校课程》(*Understanding the School Curriculum*)举行新书发布活动。2008年、2014年，他分别到北京师范大学、清华大学等高校进行学术巡回演讲，深受欢迎。可以说，亚历克斯·摩尔教授目前已经是成就显著、深受注目和一线老师欢迎的教师教育家。

通过查看亚历克斯·摩尔教授的个人阅历、研究成果，以及和他本人的多次交流，笔者发现，他是来自一线教育教学实践的好教师。他出生于1947年2月，曾在英国伦敦市区多所中学担任英语教师18年，对教学研究很投入，是出色的研究型教师。1995年，他师从著名教育家 Peter Woods，获得博士学位。之后，他分别在伦敦大学金史密斯学院、国王学院从事教师培训项目。2000年，他到伦敦大学教育学院任教，负责英国中小学初任教师的专业培训，并从事学术研究工作，对文化偏见在学校课程中的作用性质进行了专题研究，专注于中小学教师专业发展问题。因为他来自教学一线，实践经验丰富，对中小学教师的特点、心理需求、特长和不足有深刻感受，教学和研究非常接地气。其专著《"好老师"：教学和教师教育中的主流话语》因受到中小学教师欢迎而获得出版奖，就不足为奇了。Moore 教授成长于教育教学实践沃土，慈善、平和而谦卑，他关于"什么是好教师？如何成为好教师？"的研究很深刻。他以自己的行动激励着广大中小学教师：相信自己，立志成为好教师，好教师就是教育家！

二、好教师究竟意味着什么？

教学、教师概念处在不断变化中，好教学、好教师的标准存在时代、地域和文化差异。Moore 对"好教学""好教师"说法进行了分类和解释，认为有三种主导表述：好教师（good teacher）是胜任教育要求的能工巧匠（competent craftsperson），当前这种说法得到政府部门的积极支持；好教学是不断反思的实践活动，好教师是反思型实践者（reflective practitioner），他们不断得到教师培训者和教育专家的广泛支持；好教学是一个充满魅力的非凡学科领域（charismatic subject），这种流行广泛的学科魅力说法在电影及媒体的教学呈现中得到印证，而好教师是充满学科魅力的教师。

Moore指出，以上三种说法都存在一定争议。有的批评者认为，在提高教师教学能力方面，上述说法帮助不少教师改善了教学实践和对实践的理解，但也阻碍了一些教师改进自己的教学实践。Moore认为，"特别值得注意的是，上述三种说法都有一种共同倾向，即，过分强调了教师或准教师各种成功或不成功的教室遭遇的个体责任，而忽视了广泛的社会、教育机构、教学制度等在这些教学成功和失败案例中的角色。"[1]

好教学、好教师词汇正经历从传统主义（traditionalism）、进步主义（progressivism）到实用主义（pragmatism）的概念转折（concept shifting）和再定位（re-positioning）。亚历克斯·摩尔对传统主义、进步主义的理论来源进行了讨论，对杜威（John Dewey）1938年发表的著作《经验与教育》进行了分析。传统主义强调教师的主导地位和班级授课，教学控制严格，而进步主义强调探究或发现学习、小组合作和班级讨论，课程灵活并能及时反馈。正如杜威所指出，理解"知道了什么"，一定要和"知识是什么""学习者意味着什么"结合。他批评了教学中过分的传统主义和进步主义倾向，倡导教师要向理解教学过程、选择课程内容两个方向转变，激活儿童的学习兴趣。亚历克斯·摩尔基于以上讨论提出，好教师要努力超越传统主义和进步主义，实现向实用主义和反思两个方向的转折，致力于应对、生存和再定位，关注教育情境，适应环境变化，关注对教学原则的坚持和灵活应用，努力在教室里发现第三条道路，树立教育的理想主义情怀，探究私人领域及职业领域中

---

[1] Alex Moore. *The Good Teacher—Dominate discourses in teaching and teacher education*［M］. by Routledge, 2 Park Square, Milton Park, Abington, Oxon, OX14 4RN, in the USA and Canada. 2006.07

的自我。①能工巧匠、反思型实践者和魅力教师等说法尚未取得共识，好教师是能工巧匠和反思型实践者的说法明显得到官方和教育政策的支持。但他认为，魅力教师说法更符合教育的本义，更有吸引力，好教师应属于充满魅力和人文关怀的教育主题。"成为好教师的关键是，与后天的教育及培训的关系相对少一些，与教师内在品质和个性的关系相对多一些，通常再加上教师对学生生活差异、多样性的深度关怀和追求。"②

三、好教师源自教师内在的生长，不是被别人制造的再生物

我国唐代文学家韩愈在《师说》中指出，"古之学者必有师，师者，所以传道授业解惑也。""无贵无贱，无长无少，道之所存，师之所存也。"他强调师与道相依相存，掌握道者方为经师。而道者皆为有悟性者、内求者和智者，非他人强迫而成。美国教育家杜威认为，教师不是学生的控制者，而是儿童自然生长、发展的价值引领者和兴趣、信心的保护者。"你可以把马牵到河边，但却无法逼迫它去喝水，就像我们可以把一个人关进监狱，却无法逼迫他悔过一样。"③海顿·G（Haydon, G）认为，教师不可避免地成为传递价值观的教师，任何学科的教师都必然且以特定的方式影响学生的价值观。④以上阐述是能工巧匠、反思型实践者和魅力教师说法的理论渊薮之一。

亚历克斯·摩尔结合自身教学实践和研究，围绕好教师的主导说法，概括出好教师成长的实践模型（practical model）：好教师是基于自身实践探究和不断完善的合适的内生性教育素材，其在各个国家、地区的不同时期不断

---

① Alex Moore. *The Good Teacher—Dominate discourses in teaching and teacher education* [M]. by Routledge, 2 Park Square, Milton Park, Abington, Oxon, OX14 4RN, in the USA and Canada. 2006.07

② 同上，第4—5页

③ John Dewey. *Democracy and Education* [M]. Originally published: New York: Macmillan. Dover Publications, Inc., USA. 1916.10—21, 26

④ Haydon, G. 'Chapter 2': *Education and Aims in Values in Education* [M]. London: Continuum. 2006.17—19

演绎，内涵日益生动而丰富。成功教师意味着，他们往往是自生的（born）、自然天成（made in heaven），而不是被别人制造的（not having been made by others），至少他们不是被教师培训者和机构刻意制造的再生物，而是合适的教育素材（right stuff），是自我成长、自我成就的教师（the teacher as self-made），具有通过自然、纯真的课堂教学而获得学生热情、尊重和爱的能力。[①]

目前，能工巧匠和反思实践者的说法占据主流地位，官员、专家及各种著作、文章和文件，多在讲述教师成为能工巧匠和反思实践者的重要性，而关于教师独特人文魅力和教学风格的论述偏少，处于边缘化状态。为什么会出现这种情况？亚历克斯·摩尔进行了分析。他认为，支撑教师魅力的原则或人格，具有内生性和潜藏性，是不能被轻易得到、被获得的，也就是说，再多的培训或教育也不能把一个迟钝（dull）、沉闷乏味（uncharismatic）的教师，培养成为一个充满活力（lively）和魅力（charismatic）的教师，更不用说去训练、指导和强迫某人充满对学生的热情和关爱。[②]

虽然魅力教师概念在不少教师和准教师（师范生）头脑中浮现，但充斥各种媒体的虚构成功故事所导致的负面结果是，不仅未能对"能工巧匠"和"反思型实践者"两种说法进行完善，而且破坏了这两种说法的合理性。而在电影等各种媒体中鲜明描述的真实成功的魅力教师原型，往往更倾向于具有这样的特征：他们具有较少的、甚至不曾具有师范教育或教育培训的经历，对教学理论知之较少，往往容易规避对实践的刻意反思，而是专注于教室里各种问题、活动并做出本能而及时的反应。亚历克斯·摩尔认为，虽然魅力教师的说法处在边缘化状态，但它是一个有活力、有力量的说法，这不仅因为它建立在自我基础之上，而且还得到了一系列诸如"文化的神话"（cultural

---

[①] Alex Moore. *The Good Teacher—Dominate discourses in teaching and teacher education*［M］. by Routledge, 2 Park Square, Milton Park, Abington, Oxon, OX14 4RN, in the USA and Canada. 2006.05

[②] 同上，第54页

myths)、"民间教育学"(folk pedagogy)等说法的支持。也就是说，关于教学的常识性信念和假设成为这种说法的坚定支持者和永久动力。

教师拥有人格和学科魅力的重要性，并不掩盖能工巧匠和反思型实践者这两种说法的合理性与必要性。亚历克斯·摩尔是从教学实践中成长起来的教师教育家，深知教育技能、教学实践体验的重要性。能工巧匠、反思型实践者和魅力教师这三种说法是互有侧重、彼此联系和支撑的教育统一体。能工巧匠是传统主义对教师职业任务和能力的定位，反思实践者是进步主义对教育者进行实践反思、完善的定义，而魅力教师则是教育向实用主义转向过程中对教师和学科特性的新表述。好的教学和好的教师，往往体现在教师对这三个方面的不断追问、探究和感悟中，自我内求类型的教师更能发现好教师的真义和完善策略。

四、好教师就是教育家

亚历克斯·摩尔结合课程教学和教师教育实践，对好教师的专业发展策略做了深入分析。他提出，教师在成为能工巧匠、反思型实践者和魅力教师基础上，还应成为超越反思的深思熟虑者、研究者和理论家、教师战略家和包容性个性化学习者。

（一）超越反思的深思熟虑者（beyond reflection: the reflective teacher）

教育反思术语非常时髦，无论是专业研究者、还是教育管理者甚至教师本人，都把教育反思、教学反思作为重要的任务。亚历克斯·摩尔认为，目前有两种倾向很危险值得关注，一是许多人仅仅把教学反思挂在嘴边，缺乏对教育事件、课堂教学等的聚焦，反思成为内容空洞的口号，所谓的教学反思并无深刻意义。二是一些反思活动往往把教师置于教育罪错者、甚至失败者的尴尬地位，反思成为一些教师自责、甚至自虐的代名词。所以，在教师教育中，要积极引领教师超越泛泛的、浅层次甚至错误的反思，用建设性的、理性的、基于行动的批评代替那些病态的、非建设性的自我指责,成为自己教育活动的深思熟虑者,成为教学实践探究、反思和完善的主人。

亚历克斯·摩尔建议,教师要把反思聚焦在教育实践活动和实践者本身,关注实践活动发生的更加宽阔的个性化经历和整体性社会情景,关注变化的因果与实质。教师要像一个学习者,不断追问自己的课堂表现,不满足于追问"我做了什么?什么做对了,什么做错了?还有什么没有做?"而是还要反思"我为什么这么做?究竟哪些做对了,哪些方面做错了?哪些工作已经做完了,哪些还没有做?""我过去和当前的生活与工作经验,是如何影响自己开展特定的行为或教育建议?我工作和生活的宽广社会情景是如何影响自己做了什么,没有做什么?"[①]也就是说,教师要超越泛化的反思,聚焦自我的变化和教学生活的关键点,回归自己的成长经历和教育体验,强化问题意识和主动纠错能力,成为驾驭复杂教育生活的深思熟虑者。

(二)教育研究者和理论家(teacher as researcher and theorist)

教师要成为研究者的观点曾被不少专家阐述。布科海姆(Bukingham)把研究与教师生命力、尊严问题相提并论,教师拥有研究的机会,如果他们能够抓住这个机会,他们不仅能有力地和迅速地推进教学的技术,并且将使教师的工作获得生命力和尊严。皮亚杰(Piaget)支持教师积极参与教学研究,他表示如果中小学教师脱离了教育科学研究,将失去应有的学术声誉和专业地位。所以他支持教师通过参与教育科学研究获得应有的尊严,将使教育学成为既是科学的又是生动的学问。亚历克斯·摩尔分析了斯坦豪斯(Stenhouse)等专家的观点,指出教师若想成为深思熟虑者,需要有教育研究活动和教育理论的支持。对社会性、文化性或发展性教育理论的喜好,与教师主导的教育研究活动一起,成为支持教师审问、发展自身实践,清晰开展和持续进行教育争论的动

---

① Alex Moore. *Teaching and Learning: Pedagogy, Curriculum and Culture*[M]. Second edition, by Routledge, 2 Park Square, Milton Park, Abington, Oxon, OX14 4RN(in the USA and Canada). 2012.125

力，虽然有时候这些观点会与经典的教育政策相冲突。

亚历克斯·摩尔建议教师积极开展教育行动研究，因为这种方法相对最适合教师，能给教师提供各种研究形式、策略和技巧，已经在世界范围内带来教师专业成功的丰富案例。亚历克斯·摩尔提醒说："教师从事行动研究、阅读理论，往往遇到缺少时间和精力的困难，而大量政府资金往往投给了教师教育者和培训机构，而不是更需要资金支持的教室里的实践者。这应当改变。"①他希望教师在学习理论、开展行动研究时，把主要目标聚焦在研究本身，以发展那些促进实践改变、完善的深刻理解力，而不刻意为提高教学水平，更不是为了分数。他倡导教师学以致用，不要被烦琐的理论所迷惑，在研究中注重对行动研究方法的应用，"行动研究法虽不万能，但国内外大量成功教师的专业实践表明，行动研究是教师成为研究者和理论家的好方法。"②

（三）教师战略家（teacher-strategist）

教育是个非常复杂的工作，学生、教师、家长等之间互动性强，变化多，许多事情难以预测和控制，成为好教师需要长期的修炼。亚历克斯·摩尔指出："教师必须充分考虑这些不可预测或很少容易预测的教与学领域，需要在教学实践中保持反思和清醒态度，而教师的这种深思熟虑，往往会带来战略性的工作和思考。"③这样做，往往有助于教师有选择地、积极地借鉴各种观点和资源。教师战略家往往不拘泥于某一种教育理论和教育模式，他们具有随机应变、审时度势、灵活应用的能力，特别关注问题情景和身边的变化诱因，近乎完美地接受学校和学生个体的差异性，把个性化实践与教育共识、教育

---

① Alex Moore. *Teaching and Learning: Pedagogy, Curriculum and Culture* [M]. Second edition, by Routledge, 2 Park Square, Milton Park, Abington, Oxon, OX14 4RN(in the USA and Canada). 2012.125

② 同上，第128页

③ Alex Moore. *Teaching and Learning: Pedagogy, Curriculum and Culture* [M]. Second edition, by Routledge, 2 Park Square, Milton Park, Abington, Oxon, OX14 4RN(in the USA and Canada). 2012.129

规律有机整合起来。他认为,作为战略家的教师包括两个方面的特征,积极借鉴各种观点和智慧,参与教师角色的建设和完善;具有对能够预测和难以预测的教育活动和问题的鉴别能力,及时做出适当的教育反应。成为战略家,是对教师崇高的价值定位,为此,教师要不断提升自己的教育教学领导力,真正成为复杂而生动的教学生活的主宰者。

(四)包容性个性化学习者(inclusive teacher: personalized learning)

亚历克斯·摩尔发现,英国学校和教师在政府部门的不断激励下已经明显增强了包容能力,其表现为,教育差异和以个性化学习为核心的教与学评价不断发展。显而易见,教师必须在他们的教学实践中寻找包容性,但面临的事实是,自己身处的广泛教育制度中的一些方面往往是排斥性的,一些选择充满了矛盾、冲突。教师要成为个性化的包容性学习者,必须充分考虑小组学习,对教学资源充分准备、区别使用,强化个性化学习,对学生的特殊需求要给予重点关注,还要把自己融入宽广的包容性话题和不断完善的教育政策之中。他强调,教师"尽管在教学资源的准备和修改中,常常遇到学生们学习分化问题,但原则上讲,作为一个建议性表述,个性化学习至少可以照顾到更多学生的个别需要,并被嵌入到更加广泛的包容性表述之中,使得'特殊需求'教育政策得到完善。因此,致力于个性化教学与学习活动的教师就是一个包容性教师。"[①]

实际上,包容性的个性化学习者是两个方面的统一:教师要有宽广的视野和胸怀,包容身边的各种变化,包容不同学生的各种特点与变化,更要包容、接纳自己的变化,心态要平和。同时,教师的学习要从自己的兴趣、特点和需要出发,以不断的实践来增强自己学习的动力,把握专业发展的主导

---

① Alex Moore. *Teaching and Learning: Pedagogy, Curriculum and Culture*[M]. Second edition, by Routledge, 2 Park Square, Milton Park, Abington, Oxon, OX14 4RN(in the USA and Canada). 2012.129

权。正如亚历克斯·摩尔所指出，好教师是内生的，不是被外部制造的，个性化学习是好教师内生的关键环节。

五、立志在实践探究、内在体验、自省和升华中成为教育家

围绕教师专业发展、特别是好教师的内涵、品质、类型和发展策略等问题，笔者与亚历克斯·摩尔进行了多次交流，深受启迪。他从战略角度提出的好教师成长的途径和策略，是自己30多年教育理论与实践的智慧结晶。但他反复强调，好教师的成功没有捷径，他的文章和书籍里没有教师专业成功的秘诀，他也不想这样做。他认为，好教师是鲜活、丰富而多样化的群体形象，并不只是一个模样。好教师并非时时、处处都成功，他们也有各种困难、问题、烦恼和失败。成为好教师的秘诀不在培训机构和专家那里，而在教师自身不断探究、思考和对教育实践的持续完善中。

亚历克斯·摩尔教授多次对笔者强调，好教师的成功没有外部答案，没有捷径，他的书中没有所谓秘诀，好教师是自生的，无法被制造。他提醒教师，能工巧匠、反思型实践者和魅力教师这三种说法均过分强调了教师本人在教学成功或失败遭遇中的作用，却明显忽视了政府及整个社会在教师发展方面的应尽职责。好教师的"好"字可能有问题，会给教师带来外部的压力甚至束缚。于是，他还使用了"建设性"（constructive）、"生产性"（productive）、"有效性"（effective）、"交流性"（communicative）等概念。但通过比较之后，他还是接受了"好"这个表述，认为"好教师"是相对最好的表述。他批评英国政府部门往往忽视对教师的有效帮助，习惯把大量资金投给高校以及各种教育培训机构，而最需要资金支持的中小学教师往往无法争取到专业发展的经费。好教师与好教育、好学校密切相关，好的校长、好的学校、好的教育往往是孕育好教师的摇篮，只有营造适宜的外部教育环境，好教师才会诞生。

笔者认为，亚历克斯·摩尔教授常常在教师和教育家两种角色中转换，既从专家角度研究教师，又从教师角度分析专家。他的这种身份的不断转换进一步表明，好教师与教育家之间有着内在的联系，二者是统一的。他是一个拥有18年教龄的中学教师，又是一个拥有15年研究经历的教育家。教学实践者往往具有强烈的个性化特征，崇尚自我的改变和觉悟，外力的强迫往往是无用的。教育理论工作者往往着力研究教育的共性和规律，教师成长显然是个性与共性的统一。他期待教师能够积极借鉴普适性思想和方法来完善自己，虚心接受专家们的建议。笔者认为，他的这种双重角色和谦虚，折射出好教师和教育家的光芒。

结合对亚历克斯·摩尔个人成长阅历、学术成果的研究，笔者提出如下建议：

（一）进一步聚焦教学（focus on teaching），真正成为好教师

师与道相存、相依，道之不存，师也就消失了。在信息时代，面对知识爆炸、社会和学生的教育期待高涨的严峻挑战，教师要真正成为令人信服的好教师，必须对教育理念、学科专业知识和社会知识进行系统的学习。克里斯·沃特金斯（Chris Watkins）指出，"聚焦于学习的转变具有这样的效果，我们谈及过它，却常常缺少证据：一个明显的小干预却产生了一个大的变化。成为卓越者往往是一种挑战，如澄清你对教室的愿景，将对处理问题很有帮助"[①]。要成为教学方面的能工巧匠和魅力教师，需要聚焦教学，进行长期艰苦修炼，成为包容性强、个性化鲜明的学习者。亚历克斯·摩尔认为，独特的学科魅力既来自教师自身，也来自学生，充满热情和个性的学生往往成就了魅力教师。笔者也认为，学生对教师的喜爱、信服和敬重程度，是教师魅力的源泉。但学生决不会对乏味、单调、枯燥的教师及其教学产生内心的感动，教师自身的知识、能力、个性和教学艺术，才真正成就了自己，成就了学生。

---

① Chris Watkins, Eileen Carnell and Caroline Lodge. *Effective Learning in Classrooms* [M]. Paul Chapman Publishing, 1 Oliver's Yard, 55 City Road, London EC1Y 1SP, 2007:161

(二) 注意倾听自己内在的声音，逐步成为教育教学的深思熟虑者

教师要相信自己，多倾听自己内在的声音，发现来源于自己的感动，从最好的过去中汲取不断完善的力量，进行自我赋能。克里斯·沃特金斯建议，教师要"从你过去的最好中学习。我们的意见是，教师们都有自己卓越的经历，他们以某种方法处理教室里发生的问题时，往往无法复制那些经典的范例。教师要向自我最好的过去学习，把自己带向最好的未来。"[1]教师还要勇于探究，对道德境界和教育智慧进行不懈追求，升华自己的教育悟性，驾驭复杂、生动而丰富的教育生活，逐步成为教育教学方面的深思熟虑者。教育是不断完善的艺术，这种完善体现在持续的自我探究中。正如亚历克斯·摩尔所强调，支撑教师教育魅力的原则和人格魅力，往往具有内生性和潜藏性，是不能被轻易得到、被获得的。教师要在实践探究中升华教育悟性。即使是同一个教师，在不同时期、不同情境下，对好教师的理解也会有所不同，所以，成为深思熟虑的教育者需要长期探究。

(三) 崇尚师德，立志成为教师战略家

高尚师德是教师战略家的核心，师德出问题对学生和教师而言均是巨大的灾难。中小学教师，特别是班主任，要对自己的教育良心进行叩问，善于内省，在教育实践中完善自我。师德的实质是教育者的伦理自主性问题，是一种道德觉悟。教师应把道德作为点亮自己心灵的火把，而不是训斥儿童青少年的鞭子。道德教育应该给儿童青少年幸福感和内在的力量。正如杜威所强调，"每个教师都应该意识到他称谓的庄严，他是一个特设的社会公仆岗位，要确保合适的社会秩序，拯救正义和社会进步。教师永远是真正的先知先觉，是宇宙王国里的真正引领者"[2]。教师基于高尚师德的思考才能驾驭复杂

---

[1] Chris Watkins, Eileen Carnell and Caroline Lodge. *Effective Learning in Classrooms* [M]. Paul Chapman Publishing, 1 Oliver's Yard, 55 City Road, London EC1Y 1SP, 2007:161

[2] John Dewey. *My Pedagogic Creed* [J]. School Journal Vol. 54, 1897(01):80

的教育教学生活，才具有战略性。战略家是好教师的崇高目标，只有成为战略家，教师才能通过成就学生来成就伟大的自我。

（四）把课堂作为教育实验室，培养研究者、理论家、教育家心态

好教师是研究者、理论家和教育家。教师要以研究者、理论家、教育家心态对待身边的问题，进行基于问题解决（question-solving）的探究，积极营造适宜自己成长的环境，致力于最好的实践，而不是埋怨困扰甚至懈怠。诚然，教育是非常复杂的，伴随着大量的问题和矛盾。只有善于进行问题研究并具有较强研究能力的教师，才能适应日益复杂的教育环境，改善自己的职业境界，增强教育的内部动机，把压力转化为进步的动力。亚历克斯·摩尔所倡导的"充满人格魅力的学科教师""教师战略家""深思熟虑者"理想原型，就诞生在问题研究的沃土中。斯坦豪斯（L.Stenhouse）认为，教师是教室的负责人，正好是检验教育理论的理想实验室。无论从何种角度来理解教育研究，都不得不承认，教师工作充满了研究机会。教育科学的理想是，每一个课堂都是实验室，每一名教师都是"科学共同体"的成员。显然，为了保持自身知识和体验的鲜活、充盈，为了把自己的所得所悟传授给学生，好教师要与学生一道畅游于教育教学的艺术境界里，不仅要从事学科研究，更要从事教育研究；不仅要研究教材，更要研究学生；不仅要研究教法，更要研究学法；不仅要研究教育共性，更要研究教育个性；不仅要关注学习成功的学生，更要关注学习困难的学生。我国著名班主任李镇西曾深有感悟地感恩那些学习困难生。没有他们的帮助，就没有他的今天。正是通过对问题学生的研究，自己才取得了专业上的进步。李镇西的感悟值得广大教师深思。

总之，亚历克斯·摩尔教授以自己的范例启示我们，实践经验和教育研究是好教师、教育家腾飞的双翼。笔者期待，亚历克斯·摩尔个人成长经历和睿智观点，能对我国广大中小学教师的专业发展和教书育人产生积极借鉴价值，成就出更多好教师和教育家。

第三节　好教师的灵魂

——多次聆听顾明远教授畅谈师德的启示

好教师是好教育的依托，崇高师德是好教师的灵魂。师德是一个古今中外备受关注的教育问题和社会问题，常谈常新。简单讲，师德是教师的职业道德，若完整表述，师德是教师知识、修养、情感、个性魅力、态度、价值观和能力等在言行中的综合表现和自然流露，无处不体现，无时不发生。毕竟，教育是育人的艺术，是实践的智慧，是师生心灵的交融。失去了师德，教育就失去了灵魂。这些年来，我国大中小学教师的职业道德问题日益受到各个方面的关注，而中小学班主任作为与学生日常交往更加密切、情感互动更为深刻的特殊群体，其师德问题就成为关注的焦点。如何理解、正确认识和践行师德？值得我们深入思考和探究。而顾明远先生近些年来围绕师德及其教育箴言的系列谈话，给人以深刻启迪。

一、把师德从神坛上请下来

顾明远先生是北京师范大学资深教授，教育影响力巨大。20多年来，笔者作为北师大的学生和教育工作者，有幸与顾明远先生有过多次直接交往，笔者先后三次聆听到他畅谈师德问题，深受教育。他以朴素而真挚的话语提醒广大中小学教师和班主任，师德问题不神秘，也不繁杂，更不是教师们的精神枷锁！师德真实而生动，友好而亲切，她就在广大中小学教师身边和真实的生活里！我们应该把师德从神坛上请下来！

2013年春，笔者荣幸受到邀请，参加了由教育部教师工作司主持、北京师范大学出版社组织编写出版的《师德突出问题典型案例评析》丛书，并与湖南师范大学刘铁芳老师一起，主编《中学教师师德读本》。顾明远先生欣然接受教育部和北师大出版社的邀请，担任这套包括幼儿园、小学和中学三个阶段的师德丛书的主审。在2013年秋、2014年春的两次专家咨询会上，笔者有幸聆听了顾明远先生关于师德问题的深刻论述。2014年春，北京教育学院主持的"北京市第二届中小学优秀班主任工作室"开班，笔者作为所谓导师参加了开业仪式。为此，笔者在这里谈谈自己对师德的肤浅体会。

（一）师德不是捍卫的问题，而是要去践行

顾明远先生指出，师德的本质就是勤业爱生，它包括做人和做事，古往今来，这一点永远不变。践行师德是教师的天职。为人师表，不是为了要维护教师的形象，而是要给中小学生提供行为方面的示范。我们面对师德问题，要保持积极的态度，充分肯定中小学教师在教书育人方面的主流成绩，以正面的事例引领教师。师德问题要警惕，要重视和解决，但不要过于悲观，对负面问题的剖析要适度，否则，就失去了理性的态度。我们不能依靠反面案例解决师德问题，积极引导是重点。

（二）加强师德建设不能给老师们讲虚幻的大道理，专业引领要真实生动、通俗易懂

加强师德建设，切忌只讲大道理，老师们很反感晦涩的词汇和虚幻的理论。要帮助回归教师真实的生活，结合大量活生生的案例去引导他们自觉践行师德，要分析问题的对错、成因，明确怎么办。特别是幼儿园和小学教师、边远农村地区的教师，喜欢通俗易懂的道理。他还强调，一些教育概念要界定清楚，防止误导教师。比如，"德育教育"就是一个明显错误的假概念，许多人却在使用。德育就是道德教育！

（三）要相信教师，教师是有差异的，重在如何激励教师

教育是建立在信任基础上的，应该充分信任教师。《中国教育报》曾发表芬兰教育部部长的谈话。在芬兰，人们想申请成为教师很难，只有1/10的申

请者有幸成为教师。所以，芬兰教师的地位很高，非常受信任和尊重。顾明远先生认为，"教师是最幸福的人，是最幸福的职业，我们要让教师们认识到这一点！一个孩子，从小学一年级升到六年级，变化这么大！教师通过教书育人，把一个有问题的学生教育成功了，该多么幸福！"他还提醒说："每个教师要有新追求，要有奔头！要防止职业倦怠问题。特级教师也面临着职业倦怠问题。所以，教师要立志成为教育家，终身学习，不能停滞！"

（四）教师要明确自己的教育信念和追求，要有自己遵循的教育信条

顾明远先生反复强调了他的教育信条："没有爱就没有教育，没有兴趣就没有学习；教师育人总在细微处，学生成长往往在活动中！"他解释说："给教师的帮助和专业引领，也要体现在活动中、问题中。但不少教师还不懂得什么是真正的师爱，误把伤害理解为爱。教师的爱以信任为基础，爱要全面，要尊重学生的人格尊严。尊重学生是一种教育态度，不是简单的能力问题。"

二、在辩证统一中把握好师德问题的实质

（一）师德是实践体验与理性反思的统一

"从现实性上讲，人的本质是其社会关系的总和。"教师是社会的一分子，有其丰富完整的家庭生活、社会生活和学校生活，师德虽然主要体现在教师与学生的相处中，却根源于教师全部的生活，是一种丰富、生动的实践体验和道德折射。但师德并不仅仅停留于这个阶段，教师在实践体验中的冷静凝思、反思、自省，是师德的另一个侧面。完整的师德，必然体现为教师实践体验和自我反思的统一。教师要预防职业倦怠问题，就是要把自己的感性生活和理性思考统一于不断的自我超越中。

（二）师德是物质与精神的统一

教师的职业道德神圣而不神秘，现实而不庸俗，其表现为一种人生境界和追求，是教育精神和伦理自主性的高扬。但这种精神活动需要物质基础作

保障，师德是形式，而物质是基础和内容。当我们要求教师改善其师德状况时，也要关注其物质生活境况。2014年7月，教育部发文，设立了六条行为"红线"，严禁教师利用职务之便以任何形式谋取不正当利益。这从一个侧面说明，师德的底线就是人的日常物质生活和行为表现。教师在正常工作时间以外的教育劳动应该得到尊重，应该得到必要的经济补偿，教师不能把家教作为第二职业，不能进行有偿家教，但有时会接受亲朋好友的要求，给他们的孩子补习，合情合理合法的家教应该受到激励。所以，要把教师的职业道德提高和物质生活改善统一起来，任何一个方面的偏废都是有害的。

（三）师德是普遍性与特殊性的统一

教师作为为人师表、育人成才的职业，其道德操守具有普遍性和特殊性，是二者的良性互动和有机统一。教师职业道德的普遍性在于，它是一种社会公共道德和共同操守，即廉洁、负责、自律。教育部的"六条红线"可概括为，清正廉洁，尽职尽责，不谋取任何不正当利益。这个要求适用于所有职业。教育的伟大和神圣，师德境界的崇高，绝不意味着教师可以忽略最基本的职业操守。教师职业道德还具有特殊性和神圣性，教师作为太阳下最光辉的职业之一，被尊称为"人类灵魂的工程师"，应该具有更高的职业道德要求。儿童青少年的生命成长和幸福命运、无数家长的殷殷期待、党和国家的无限重托，使得教师岗位日益重要，职业道德日益崇高。顾明远先生强调，践行师德是教师的天职。为人师表，不是为了要维护教师的形象，而是要给中小学生提供行为示范。

（四）师德是育人与育己的统一

教师育人活动往往与自我修炼统一于一炉，春风化雨、润物无声的不言之教才更加深刻。师德是教师独特的人格魅力，其实质是教育者的伦理自主性和道德觉悟。教师应把道德作为点亮自己心灵的火把和自我道德赋能，而不是训斥儿童青少年的鞭子。师德出问题对学生和教师而言均是巨大灾难，道德教育应给儿童青少年真正的幸福感和内在的力量。正如杜威（John Dewey）所强调，"每个教师都应该意识到他称谓的庄严，他是一个特设的社会公仆岗位，要确保合适的社会秩序，拯救正义和社会进步。教师永远是真正的先知先觉，是宇宙王国里的真正引领者"。教师基于高尚师德的思考才能驾驭复杂的教育教学生活，才具有战略性。教师只有成为战略家，才能通过成就学生来成就伟大的自我。因此，教师是最幸福的人，是最幸福的职业！教师通过教书育人，把一个有问题的学生教育成功了，该多么幸福！

（五）师德是主观道德与客观道德的统一

教育部围绕教师和班主任的职业道德问题，已经颁发了系列文件，提出了明确的要求。这些来自政府和社会的要求是一种外部约束，是他律和客观道德，是对教师外部道德动机的激发。同时，师德的改善还需要教师不断强化内部动机，加强主观道德建设，把"要我这样"转化为"我应该这样"，把他律转化为自律。本质上，师德是一种自律活动和积极主动的行为选择，被信任、被尊重、被激励的教师往往能焕发更强烈的内部道德动机。教育是建立在信任基础上的，应该充分信任、关心和激励教师，这些源于师德问题的内生性和自主性。

三、中小学师德需要"养"起来

笔者的启迪是：学生的成长、成材需要涵养、营养、养护和自我修养，教师的成长、师德的完善同样需要涵养、营养、养护和自我修养。一句话，师德需要"养"起来！

（一）涵养好水源

师德是一棵大树，扎根于生活的沃土之中，需要沐浴在阳光雨露中。政府、社会、学校和教师需要共同努力，来培植沃土，涵养水源。所谓涵养水源，主要指改善教师的家庭、社会和学校生活质量，教师工作条件、生活待遇、身心健康等物质改善是师德的基础，具有迫切性。否则，师德就是无水之根，无本之木。

（二）提供精神营养

要高度关注教师的精神营养问题，尽快解除他们的精神负担和不正常压力。目前，我国中小学教师面临的最大精神枷锁就是片面"应试教育"，在不少地区和学校，追求升学率、应试成绩、互相盲目攀比的倾向依然严重，教师和学生苦不堪言。如果不切实解决这个问题，就是让教师戴着镣铐跳舞！顾明远先生曾针对自己在外地一个教室里看到的标语"争一分多一分、一分定终身"而深刻指出，"现在的教育中有很多反教育行为！好的师生关系是最大的教育力量。但一些学校里师生之间的关系已经变得很差了，教育已然失去应有的力量。"所以，让教师安心、静心、舒心、宽心地育人，是最珍贵的精神营养！

（三）进行精心养护

老师们很反感晦涩的词汇和虚幻的理论。师德建设要回归教师真实的生活，结合活生生的案例去引导教师自觉践行师德，要分析问题的对错、成因，明确怎么办。这就说明，师德建设虽然具有迫切性，但又不能急于求成，急功近利，而是要了解教师的生活、专业需求和情感情趣特点，立足长远，对师德幼苗进行精心呵护。中小学教师、班主任的专业培训应该把师德问题作为重点，围绕真实问题，结合案例分析，引领教师对自己教学实践进行反思，使师德幼苗在心中扎根、生长！

（四）强化自我修养

师德之"养"，虽然基础在社会，但主导权往往掌握在教师自己手里。正如英国伦敦大学学院著名教授亚历克斯·摩尔所强调，支撑教师的教育原则和人格魅力，往往具有内生性和潜藏性，是不能被轻易得到、被获得的。师德问题主要是教师的自我修养和内在提高。这就要求教师面对儿童青少年明媚的双眸和社会的殷殷期待，努力做到不抱怨、不懈怠，不断净化自己的灵魂，高尚其事，成就伟大的自我。只有淡泊名利，教师才能把握专业发展和师德进步的主动权！这也正是顾明远先生所希望的，"每个教师都要有新追求，要有奔头！要立志成为教育家，终身学习，不能停滞！"

注：本文引述内容，是笔者2013年、2014年三次聆听顾明远先生关于师德问题和自己教育箴言谈话的文字记录，待征求其本人的审定。

第四节　牛津大学的中国教育视角及政策启示

——牛津大学"决策者领导力发展与公共政策项目"案例分析[①]

2001年，牛津大学时任副校长Colin Lucas批准"中国决策者领导力发展与公共政策项目"启动，首先为中国广东省政府开展了高级管理人员专题培训。12年来，该项目的课程设计及教育实践不断完善，在中国的教育影响日益扩大。

2010年11月，笔者访问牛津大学继续教育学院，对牛津大学"决策者领导力发展与公共政策项目"进行初步了解。2011年7月至8月，笔者参加了牛津大学"决策者领导力发展与公共政策项目"专题培训。2012年4月，2015年4月和8月，笔者又三次访问牛津大学，与牛津大学"决策者领导力发展与公共政策项目"副主任Annette Lord女士进行了友好而深入的交流。为了我国教育同行积极借鉴牛津大学"决策者领导力发展与公共政策项目"的理念和经验，本文拟对该项目的教育特质及政策启示做如下分析。

一、牛津大学的中国教育视角

牛津大学作为近900年历史的世界著名大学，具有强烈的"中国情结"，与中国的文化关系源远流长。在深化自身国际化战略过程中，牛津大学进一步加强了它的中国教育视角，与中国的教育合作不断加深。牛津大学的中国

[①] 项目全称：牛津大学"决策者领导力发展与公共政策"，英文：Programme in Leadership and public policy at University of Oxford. 2011年8月2日下午，笔者在牛津大学耶稣学院，对牛津大学"决策者领导力发展与公共政策项目"副主任Annette Lord女士进行了专题采访。本文引述已征得Annette Lord女士确认。鸣谢牛津大学"决策者领导力发展与公共政策项目"副主任Annette Lord女士、北京教育科学研究院原院长时龙、院长方中雄和党委书记唐亦勤的宝贵帮助。

教育视角，具有如下特点：

（一）对中国悠久历史与灿烂文化日益重视和欣赏

牛津大学的中国教育视角，本质上是一种国际文化视角，表现为一所英语国家中最古老大学的文化包容和国际视野，体现出其对世界文明古国——中国的厚重历史、优秀传统文化的尊重和欣赏。遍布牛津大学校园的古老建筑群，见证了其与中国文化交融的悠久岁月。1604年，牛津大学包德连图书馆添置了第一本中文书籍。1687，首位到访牛津大学的中国学者沈福宗先生为博德莱安图书馆的中文藏书修订目录。1876年，著名汉学家理雅各牧师担任牛津大学第一位汉学教授。1939年，牛津大学开办中文学士荣誉学位课程。总之，中国历史和文化因素逐渐浸入到牛津大学的教育之中。

（二）对中国改革开放巨大成就与重要国际影响力日益认同和接近

牛津大学的中国教育视角，本质上还是一种现实利益视角，是对世界发展大势的理性判断和教育行为选择，是一种合作共赢的教育战略利益观和实现模式的确立。牛津大学不仅关注中国悠久的历史和灿烂的传统文化，更关注日益现代化、全球影响力日益增强的中国发展现实，把自身的可持续发展与中国的改革开放进程有机结合起来，从中国的发展与需求中寻求自身发展的机遇，并借助自己独特的教育优势，为逐渐现代化的中国培养未来"关键人物"。这是牛津大学保持世界教育领先地位的智慧所在。1994年，牛津大学中国学术研究所成立。2008年，牛津大学中国中心正式投入运作。2009年，中国牛津国际医学研究中心成立，中国时任卫生部部长陈竺和牛津大学时任校长安德鲁·汉密尔顿（Professor Andrew Hamilton）为成立仪式揭牌。至今，牛津大学已发展成为一个有关中国问题的国际权威学术中心。2012年，牛津大学有40多位学者在进行中国问题的研究，涉及前现代、现代和当代，涵盖人文、社会科学、工程学及医学等多个学术范畴，聚焦中国崛起对世界政治、社会及经济的宏观影响和中国政府关注的问题，如政府管治、公共部门管理、人口迁移、工业化发展、劳资关系、生态环境变化、公共卫生等。牛津大学通过历史著作、文学及艺术等方面，透视中国的传统文化特点及其对现今的影响。目前，牛津大学在中国的教育影响力日益扩大，在牛津大学读书的中国学生，已成为英国、美国以外的第三大学生群体，而中国本科生的数量仅次于英国本土学生，居第二位。

二、牛津大学中国教育视角的目标与路径

在复杂多变的挑战面前，牛津大学依托自身文化底蕴和学术优势，以战略性眼光重新审视不断走向现代化、世界影响力日益增强的中国，把"关注中国、研究中国、服务中国"作为一个重要发展机遇和长远发展策略。牛津大学确立的中国教育战略目标是："在致力于支持将要成为下一代全球化领导者的关键人物的工作中，牛津大学要继续处于独一无二的位置。我们的使命是，激励这些人珍视教育的价值，并构筑他们个人和集体的能力。"[1]

为实现上述目标，牛津大学采取了诸多措施。如，陆续建立了中国中心、中国学术研究所等研究机构，加强与中国一些知名大学、学者的业务交流和合作；积极与中国政府及各省市政府部门交流，建立联系渠道和服务平台；组建"决策者领导力发展与公共政策项目"，整合牛津大学甚至整个英国的优质教育资源，为中国政府、各省市政府、高校、科研机构、企业培训各类管理精英与业务骨干，因为这些关键人群对中国的未来发展承担着特殊责任。可以说，"决策者领导力发展与公共政策项目"（以下简称"领导力发展项目"）已经成为牛津大学走进中国、为中国现代化建设服务的一个重要渠道。

三、牛津大学"领导力发展项目"的课程定位

教学中课程目标是核心，课程设计是关键，课程框架是对课程内容的整

---

[1] University of Oxford Public affairs Directorate, Oxford Thinking: The Campaign for the University of Oxford [P], 2010(11): 4

体性、系统性安排,是课程战略规划的实施,包括目标、主题、内容、结构、实施与评价等环节。只有重视课程的战略设计和创新实践,才能掌握教育发展的主动权。

牛津大学有系统的国际化战略,即利用自身深厚的文化底蕴和强大的学术影响力,通过高端国际交流与合作,在服务全球发展的同时,进一步强化自己的办学特色、学术领先地位和国际影响力。与中国相关部门的项目合作,是这个系统化国际战略的有机组成部分,并被视为一项历史性选择,"牛津大学中国中心和中国牛津国际医学研究中心的正式成立,意味着这一所世界一流大学与新兴强国之间的活跃关系即将步入一个令人振奋的新纪元。"[①] "领导力发展项目"课程具有明确的战略目标,正如牛津大学中国决策者领导力发展中心主任胡德伦(Alan Hudson)认为:"中国承担的责任不仅仅为了中国自己,还为了整个世界。我支持英国大学积极承担自身的全球责任。""我们的任务是,激励被培训者珍视教育的价值,培育他们的个体发展能力与集体合作能力。培训课程的目标是,为了在开放、平等的伙伴关系精神指导下形成经济与社会协调发展能力,要帮助决策者保持强有力的、道德的和有效的领导力。"

四、"领导力发展项目"的课程框架

牛津大学"领导力发展项目"有系统而前瞻的教育理念,课程设计针对性强,课程框架清晰,课程内容丰富,保证了项目的高品质和吸引力。虽然培训的对象不同,诉求不一,内容迥异,但在课程设计上,牛津大学保持了教育模块的统一性。

(一)课程模块设计

"领导力发展项目"具有强烈的课程意识,课程包括专题讲座、文化体验、学术交流与实地访问等4个类型。这4个类型被作为4种不同课程模块进

---

① www.conted.ox.ac.uk/courses/professional/staticdetails.php?course=235[EB/OL]

行设计，内容互为补充，功能互相促进，有助于项目参与者从理性、感性两个层面获得切实提高。

1.专题讲座

专题讲座是"领导力发展项目"的核心内容和最重要环节，由牛津大学相关学院教授或英国其他业务机构的专家进行集中面授。专题讲座内容针对行政官员、高校领导、企业家和科研人员4种不同对象需求进行设计。牛津大学继续教育学院"领导力发展项目"副主任Annette Lord女士告诉笔者："虽然都属于高等教育课程模块，但广西、辽宁和北京三个培训项目的课程设计并不一样，我们及时改变原来的课程设计，以尽可能符合中国同行的个性化需求。"以2011年"北京教育科学研究院领导力培训项目"为例，三周内，牛津大学相继安排了"牛津大学的结构与管理""学校的结构、管理、评估框架和政策措施""文献研究的规范性与有效性""教师培训与发展""研究管理"5个不同课程模块，共18个教学单元（每个教学单位为半天、平均3个小时），占总课时的64.2%。再以2010年"辽宁省高校校长领导力发展项目"为例，三周内安排了"科学课程发展""牛津大学教学管理""管理与策略""市场"4个课程模块，共14个教学单元，占总课时的50.0%。主讲教师十分注重与学员之间的教学互动，鼓励质疑和问题探讨，课堂气氛活跃，特别是主讲教师平等、友好、严谨的学术态度，令人印象深刻。

2.文化体验

牛津大学十分注重比较性文化体验的课程设计和实施，安排专门单元讲述牛津大学的发展史、现状和未来愿景，为被培训者提供牛津大学相关学术资料；带领项目组成员参观牛津大学一些著名学院、科研机构、图书馆和博物馆，进行现场讲解，深化了大家对牛津大学的了解和文化感知；还尽量安排项目组人员入住相关学院，如安排北京教育科学研究院研修团入住耶稣学院，与耶稣学院师生一起就餐、上课，零距离感受牛津大学的文化底蕴和学术精神。

3. 学术交流

加强双方的学术互动，开展问题研讨，是牛津大学继续教育学院课程设计的一个特色。在项目实施过程中，牛津大学根据培训对象特点和个性化需求，安排了主题各异的学术交流活动。以北京教育科学研究院研修团为例，针对"学校管理与学生发展评估"主题，牛津大学除安排5次主题讲座外，还相继安排培训团与牛津市圣尼古拉斯小学校长瑞切尔·克劳奇和老师进行教育评价交流，与彻韦尔中学校长朱莉·斯图尔特·汤普森及同事进行教育评价交流。牛津大学还安排北京教育科学研究院业务人员与牛津大学继续教育学院中国留学生及其导师进行专题交流，提升了项目参与者对异国文化与理念的解读能力。

4. 实地访问

实地访问（真实情景体悟）被作为课程重要环节进行设计和实施。牛津大学根据被培训者需求确定了不同类型的访问场所，安排专门人员进行业务讲解，开展问题互动，非走马观花式的景点游览。如，给北京教育科学研究院研修团安排了牛津大学自然历史博物馆、伊顿公学、剑桥大学的深度访问，为辽宁省高校校长研修团安排了剑桥大学、英国开放大学、博物馆等访问，为企业高管培训团安排了伦敦证券交易所、伦敦金融服务中心、牛津科技工业园的访问。这些访问，强化了被培训者对英国文化的认识，促进了理论与实践的结合。

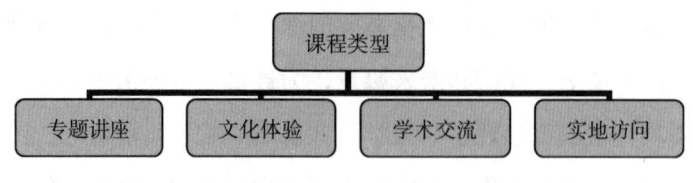

图2　牛津大学"领导力课程"模块设计

（二）聚焦课程主题

目前，牛津大学"领导力发展项目"课程有4个主题，以满足不同类型人群的业务发展需求。

1. 公共政策

侧重于提供"领导力与发展"这个彼此紧密结合的培训项目，目的在于帮助项目参与者了解和规划与自己社会环境相适应的政策和机构行为。这个课程通过分析性与策略性计划、领导技巧和问题解决方法来帮助被培训者。同时，通过专业培训，使参与者理解那些在国际合作与竞争中须知的专业术语和认知背景。正如牛津大学所说："我们理解与支持中国领导者致力于建设和谐社会的行动，以及对发展和国际化战略的关注。我们的课程内容将侧重以下优先领域：平衡的经济发展与社会发展，包括强调教育、健康和社会福利；可持续发展、能源与环境问题；机构改革与宏观层面上的市场经济管理；减少区域发展差异；测算、管理和评估发展；社会革新；发展战略与国际关系。"[1]

2. 公共管理与全球经济和企业环境

内容包括分析世界经济走向及变化中的平衡与动量，研究中国经济发展走势；全球高科技、高附加值的产业环境与商务创新，与英国最具活力和创造力企业家、前沿研究者对话；国际金融市场与中国企业关系，以伦敦国际金融中心为例，分析中国企业如何利用国际金融资源；国际并购和中国企业面临的机会与挑战，开拓国际并购视野，掌握发达国家并购实战经验，提高面对敌意收购的技巧，把握企业发展的新机遇；了解世界经济力量的博弈，掌握国际市场特征，分析国家与市场的关系，探讨中国企业在全球博弈过程中效率与利益的提升之道；以商界和政界领导力发展为主题，与学术大师对话，利用高水平研究成果培训企业领导者。

3. 高等教育

专门为大学校长、高校学者和教育管理者提供讲座、访问等方面的内容，

---

[1] http://chinaprogramme.conted.ox.ac.uk/

使项目参与者便利分享牛津大学专业研究成就,广泛接触其他英国大学和科研机构。这个项目在历史性、比较性、时代性框架下审视教育哲学和政策争论,特别关注大学管理结构、课程范围和涉及的有关金融问题。项目参与者有机会对教与学、教育管理与评价、教学科研与管理关系等问题,开展讨论,以拥有一个世界级大学水平的学术考虑。北京教育科学研究院2011年培训项目,是牛津大学第一个专门为中国教育研究机构设计的培训项目,体现出该项目的针对性、开放性和灵活性。

4.媒体

为职业媒体人提供与英国媒体从业者、高级管理者广泛接触的机会,致力于审视政府、媒体和社会公民的关系。研讨的议题将包括新闻的来源、政府如何改进他们在公共领域中的媒体态度和认知。项目参与者在听取讲座、参与研讨的同时,有机会与英国BBC等众多知名媒体进行交流。

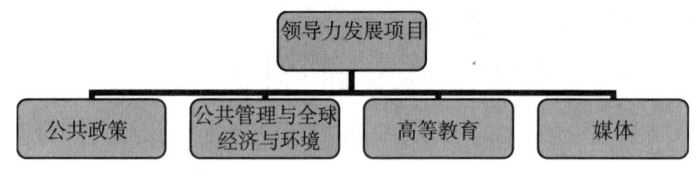

图3　牛津大学"领导力课程"主题设计

(三)课程结构分析——以公共政策项目为例

1.课程目标

在"领导力发展项目"的4个课程模块中,公共政策模块被给予高度重视。其原因不仅在于本模块内容具有广泛的应用性,还在于本课程内容与牛津大学致力于培养中国未来杰出政府领导者、科研管理骨干和企业管理精英的初衷紧密相关。"我们努力提供广泛的实践案例和问题解决思路,以鼓励项目参与者能以最好的实践,证明自己可以承担领导者和革新者的角色,能为中国政府和中国人民提供最好的服务。"①

---

① http://chinaprogramme.conted.ox.ac.uk/

2.课程结构

本课程内容设计,考虑了欧洲的社会环境、政策演变,以及中国作为当前世界一个关键角色成功出现情景下的世界性机构的成功问题。项目课程包含着理论、历史和比较层面的认知框架,目的在于为项目参与者提供理解可持续性和推广性的知识背景,以促进符合中国整体利益的地区和国家发展。

如图4所示,公共政策项目课程包括7个核心模块,分别是:全球、区域和国家层面的组织机构,机制与过程,国家、市场和公民,社会福利,环境与可持续性,正在转型世界上的领导力和革新,发展策略和对外政策考虑。

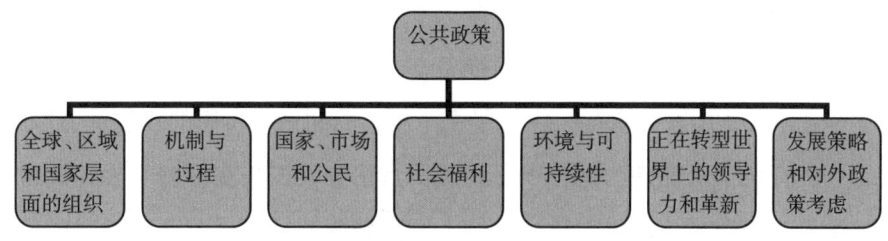

图4 牛津大学"公共政策专题"核心课程模块设计

上述7个模块均设计了一些提示性研讨主题,以深化项目参与者对核心课程内容的理解。以"正在转型世界上的领导力和革新"模块为例,本课程涉及公共、商业生活领域的领导,与他们自己的角色复杂性相关的解决事务,有助于项目参与者形成探索领导力策略和基准性策略所需的敏锐洞察力,以应对在政府、企业和任何其他组织中面临类似挑战时的非此即彼的选择困境。因为这些洞察力根植于项目参与者对自己所处情景的理解之中,所以,这些洞察力成为提高决策活动有效性的强有力的实践支持。讲课教师围绕如下5个引导性问题,组织专题学术讨论,即领导者是否产生或表达了公众意见;为了推行社会革新性举措,公共领域中的政府机构与信任;社会性革新中商业的角色;实践干预案例;支持或反对核能问题。

(四)追求过程优化

在项目实施中力求达到过程和结果优化,是牛津大学追求的目标。目前,

"领导力发展项目"周期设计主要为10天和20天两种，每次培训人员20到25人。教育管理者和研究者项目主要安排在每年假期前后，政府管理者、企业高管项目以平时为主。牛津大学继续教育学院为"领导力发展项目"组建了强有力的课程团队，确保了本项目的专业性和实效性。主讲教师既有来自牛津大学继续教育学院的专职教授，也有来自牛津大学其他学院、伦敦大学教育学院、英国教育质量标准署等高校、政府机构的教授和负责人。同时，该项目组还配备专业精神和专业能力很强的管理人员，负责安排各项日常活动。

牛津大学继续教育学院在设计课程计划、制定课程表等的每个细节都确保落实，努力做到最好，以达到牛津大学的教育品质要求。每次培训均有具体、专业而系统的课程安排和资料准备，并经过项目参与单位的认可。牛津大学整合学校优质教育资源，提供了每个项目顺利进行所需的各种优质保障。以北京教育科学研究院为例，项目组成员食宿和上课均在耶稣学院，非常便捷。学校为每个成员提供无线、有线上网免费服务，促进了业务学习的实效性。每次讲座前，项目组为学员们提供授课教师的翔实教学资料，这些教学服务高效、严谨、专业而友好。

（五）强化效果评估

为促进"领导力发展项目"可持续发展，牛津大学对项目实施质量进行了严密监控和管理，开展了效果的全过程评估。牛津大学继续教育学院"领导力发展项目"副主任Annette Lord女士给项目参与者提出希望："请如实评价我们的工作，千万不要客气。我们更关注问题。只有发现不足，才能做得更好。"牛津大学安排专门时间，让项目参与者充分发表关于该项目不足的意见，他们希望改进工作的态度十分真诚。项目刚开始时，就下发了质量评价问卷，让大家依照项目进展所涉及的时间、地点、内容、人员、效果等维度，围绕"很不好、不好、好、很好、非常好"5个标准，对项目质量进行评价，包括项目总体设计质量、课程内容、每个教授的表现、外出课程参观、住宿设施与饮食等。该评价方案非常细致，涉及项目实施的所有时间和环节，细节性强。既包括总体评价，也包括专题评价、细节评价。以就餐问题为例，要求每个学员对牛津大学提供的8个不同就餐地点服务质量进行评价，对耶稣学院各生活环节质量进行评价。甚至要求对耶稣学院的门卫、服务员表现情况，学员入住房间的整洁与舒适度，教室的学习条件等进行评价。

五、牛津大学"领导力发展项目"的课程特色

（一）注重战略规划：课程目标的定位清晰，具有很强的前瞻性。

领导力是关系全局的战略性问题，是各级管理者必须关注和提高的核心品质。由牛津大学发起、继续教育学院主办、胡德伦先生（Alan Hudson）负责的"领导力发展项目"，是一个专门服务中国行政官员、业务骨干和企业管理精英的综合性课程系统，也是一个针对日益具有重要影响力国家关键人群核心品质培养的国际计划。其课程目标是，为了在开放、平等的伙伴精神指导下帮助决策者形成经济与社会协调发展能力，保持强有力的道德领导力。在致力于培养全球下一代高级管理者工作中，牛津大学要继续保持世界上独一无二的领先位置。为突显本项目课程的品质、权威和学术荣誉，每期项目结束时，牛津大学继续教育学院举行隆重仪式，学员的结业培训证书由牛津大学学术执行校长亲自签发。目前，"领导力发展项目"的专业品质在中国内地被广泛认可，参与该项目的省市越来越多，涉及的专业领域日益广泛。

（二）注重项目设计：课程目标针对性强，课程框架结构清晰，课程内容丰富，主题多样，有效促进项目参与者更新了理念，提升了破解日常困境的能力。

因国情不同，牛津大学课程设计与讲授内容未必完全适合中国项目参与者的需求。牛津大学从改进课程设计出发，既重视教育的共性问题，又特别重视项目参与者的个性化需求，以需求为导向来设计课程，注重课程主题的多样化和课程内容的丰富性（共有4个主题，每个主题有4到7个核心课程模块，每个模块有5个延伸性研讨问题），以学员需求来选择授课教师，大大提高了项目的质量，弥补了文化差异可能带来的课程不适配。牛津大学继续教育学院"领导力发展项目"副主任Lord女士告诉笔者："我们在进行课程设计时，最关注对方的需求。同样的主题，我们也会有差异性课程设计。因为这个项目是我们与中国同行一起实施的，必须充分尊重对方的不同需求，否则难以成功。"以北京教育科学研究院业务培训为例，牛津大学改变了原来已有的"高等教育"课程设计，根据该院注重基础教育、特别是关注教育评估的个性化需求，特别强化了"研究方法、教育管理与政策评估"的课程安排，聘请伦敦大学教育学院著名教授David Gough详细讲授了文献研究问题，聘请牛津大学教育系教授Trevor Mutton讲授了教师专业培训与评估、牛津大学实习生计划等专题，聘请英国教育质量标准署（OFSTED）督察官员Patricia Pritchard讲授了OFSTED在保障英国教育质量方面的积极作用。这些针对性强的报告，受到项目参与者的一致认可，培训效果良好。

（三）追求过程优化：课程实施过程严谨有序，注重人文关怀和科学精神，授课教师水平高，学术精神强，揭示了牛津大学近900年生生不息、执全球教育之牛耳的专业秘密。

"领导力发展项目"周期虽短，但系统性强，涉及因素多，过程繁杂，专业要求高。牛津大学整合英国优质教育资源，聘请权威专家授课，确保了培训的效果。Lord女士告诉笔者："能请到英国众多顶尖专家来上课，是该课程实施中的最大亮点。这些权威专家很难请到，牛津大学独特的影响力和号召力使我们可以选择杰出的专家来授课。"他们注重项目过程中每个环节的专业准备与环节之间的有效对接。每次活动至少有两到三个专职人员提供服务，未有疏漏，更无懈怠现象。同时，牛津大学继续教育学院开展的针对该项目质量与效果的过程评估，全面、细致而具体，体现出严谨、注重实效的科学精神。在项目实施中，牛津大学注重人文关怀，许多细节令人感动。如在安排北京教育科学研究院项目组去小学和中学进行业务交流前,牛津大学继续教育学院老师多次提醒大家,英国法律规定,不可以在学校给学生照相,除非得到学校的同意。当小学校长同意大家照相后,她们又及时提醒大家,可以照相了,不必拘谨。从主讲教授到一般工作人员,均体现出一丝不苟、求真务实、热情谦和的精神,深深感染了每个项目参与者,使大家深深体会到牛津大学长期独步世界学术领域的原因。

（四）提供效果保障：课程实践效果良好,推动了中国行政管理、业务骨干和企业骨干队伍的专业化发展,提高了不少关键领域和关键岗位人才的质量与国际化程度。

2001年到2011年间,近3000多名来自中国内地各领域的骨干参与了"领导力发展项目"培训,取得明显成效,每个项目参与者通过比较中国与英国不同的文化、制度与政策,就人口老龄化、人口迁徙、都市化发展、公共健康、企业发展、教育发展等问题进行分析,推动了中国社会政策的改进。除为中国中央部委提供培训外,牛津大学继续教育学院还先后为广东省、四川省、辽宁省、上海市、北京市、广西壮族自治区等省、市、自治区的公务人员、大学校长、学术骨干、企业精英而开设各种短期课程。北京教育科学研究院作为中国首都的一个综合性教育研究机构,利用参与牛津大学"领导力发展项目"的机遇,提升了自己的专业化程度和社会服务能力。2011年7月中旬到8月上旬,北京教育科学研究院"领导力发展项目"取得预期效果。牛津大学高度重视这个10年来第一个教育研究类培训项目,精心实施,体现了认真、严谨、谦卑的专业精神。2013年7月8日至12日,牛津大学与北京师范大学合作,举办了"领导力与创新力"首届暑期班。该项目分教授讲座、学生讨论、成果展示、专家点评4个部分,让学生足不出户参与国际学术对话,获得课程学分,牛津大学还为参加此项目的学员颁发结业证书。牛津大学"领导力与公共政策"项目主任Alan Hudson和前苏格兰国务卿John Elvidg

爵士，围绕"全球秩序的变革及延续——何谓霸权""思想的力量：我们如何理解世界""负责组织的领导力""无权威的领导、创新力和理论及实践"等主题，与北京师范大学师生进行了互动式讲演和对话，达到了开拓学生学术视野、形成国际化校园氛围的目的。① 这是牛津大学"领导力与公共政策"项目强化其与中国著名大学教育合作的最新举措，把培训对象从成人扩展到了高校师生，这个新变化值得关注。

六、牛津大学"决策者领导力发展项目"的政策启示

（一）我国政府部门和各省市政府部门要进一步关注牛津大学等国外著名高校的中国教育视角和教育行为选择，鼓励中国知名大学积极借鉴这些大学的成功经验，强化自己的国际教育视角。

牛津大学等国外著名高校正把"关注中国、研究中国、服务中国"作为自身长远发展的一个战略性选择，进行了持续而专业的项目设计和实践，试图保持自己在该领域的全球领先位置。反思我国一些大学和业务机构，在自身发展中往往缺少类似的国际战略目标定位和课程设计，存在课程理念落后、视野狭窄、急功近利等问题，少有这种影响力深远的跨国性高端教育服务项目，这与相关部门的引导和支持力度不足有直接关系。牛津大学"关注中国、研究中国、服务中国"的战略眼光、全球意识和教育智慧，值得中国教育行政部门、各大学及专业研究机构借鉴。政府部门应鼓励著名大学、专业机构和研究者强化战略意识，确立和强化自己的国际教育视角，善于通过战略规划、项目设计，自觉促进自身的专业发展，提升自身的专业能力，拓展研究视野，强化社会责任感。要重视战略规划和项目设计，以高品质的教育项目来落实宏观发展规划。教育培训项目是文化的推广和价值观的传播。任何教育项目背后，都蕴藏着一种社会责任和专业智慧。

（二）政府部门应通过政策引领、项目委托、购买服务等形式，

---

① http://ipo.bnu.edu.cn/news/2013/088.html

支持各大学、专业机构和研究者强化国际课程意识，培育一些具有国际化水平的高端培训项目，在服务我国现代化建设的同时，有计划地为一些新兴国家提供针对性教育服务，优化培训项目的课程设计，把研究成果转化为社会专业服务行为，创新专业服务的途径和策略，为社会可持续发展提供智力支持和精神引领。

牛津大学认为，要在开放、平等的伙伴精神指导下形成经济与社会协调发展能力，需协助各国各领域的决策者保持强有力的、道德的、有效的领导力，而"领导力发展项目"课程可以帮助实现这个目标。Lord女士认为："培训项目的课程设计，关键是课程内容的系统性。但每个授课教师有自己的个性和知识背景，完全做到培训内容的连贯性很难。我们要求并提醒每次来上课的所有教师，一定要讲新知识，介绍自己的最新研究成果，不要重复自己、别人已经讲过的内容，以保持课程的吸引力。"目前我国一些大学、专业研究机构在进行学术研究、学术服务时，存在着重视学术研究、轻视教育培训的问题，缺乏对这些项目的课程设计，研究成果难以有效转化，导致课程吸引力匮乏，缺乏可持续性。牛津大学"领导力发展项目"卓有成效的实践，既为中国现代化建设培训了人才，也给中国同行提出了严峻挑战。唯有拓展国际视野，强化社会责任感，苦练内功，选准主题，通过高品质项目设计与课程实践提升专业服务水平，才能发挥我国大学、科研机构及专业研究者独特而不可或缺的社会价值，履行我们的国际责任。

（三）各大学、专业机构和研究者要自觉以全球眼光审视自身的专业使命，创新课程理念和教学内容，探索培训项目课程实施的新途径，将脚踏实地与胸怀世界结合起来，以适应中国日益增强的国际影响力和全球责任。

2001年，当牛津大学把"关注中国、研究中国、服务中国"确定为自身长远发展的一个重要战略而进行决策者领导力项目设计和实践时，我国不少大学、专业机构和研究者可能没有注意到这个与我国发展密切相关的国际教育行动。Lord女士告诉笔者："我们设计这个项目，不只是提供知识和问题的答案，更注重思考问题的态度与方法。每个项目周期长短不一，我们力争提供更多杰出专家给中国同行，希望你们多和他们交流问题，交朋友，以服务于中国的长远发展。"牛津大学的理念和项目设计思路，值得我们深思。我们的一些著名大学，应该整合自身的资源优势，围绕"领导力""公共政策""创新能力"等前瞻性问题，组建类似的国际化教育专题培训项目。实际上，这些项目的启动和实施，是中国文化的国际化体现，是我国教育价值观的国际传播。这也是牛津大学持续实施中国"领导力发展项目"的动力所在。

期待中国更多大学、专业机构和研究者，能从牛津大学的中国教育视角和国际化行动中，借鉴所需的前瞻理念、创新意识和专业精神，通过服务不断强盛的中国，来服务日益全球化的世界。

第五节　强强联手成为世界名校发展与竞争的内在特征

——从伦敦大学教育学院（IOE）并入伦敦大学学院（UCL）说起

2014年2月，伦敦大学教育学院著名教授Alex Moore应笔者邀请，到北京教育科学研究院德育研究中心进行访问和学术演讲。他高兴地告诉我说："2014年QS世界大学学科排名刚刚揭晓，在教育学领域，IOE名列世界第一。"我听到这个消息，真为Moore教授感到高兴。我1999年、2011年先后到访过IOE多次，对它的水平已有领教。IOE的教育学和社会学研究实力在英国一直首屈一指，连牛津大学、剑桥大学、伦敦政治经济学院也很认可。2014年，IOE不仅在QS世界大学学科排名上位居世界第一，也在英国大学教育学术实力排名上位居第一。2015年，刚刚并入UCL的IOE在QS世界大学学科排名上再次居第一。

IOE成立于1902年，是伦敦大学的一个学院，主要进行研究生教育，本科生相对比较少。其对教育的研究视野开阔、方法先进，课题研究综合、系统而深入，名家云集、资源丰富、高水平成果很多、世界级学术期刊多，就读的学生来自全球100多个国家和地区，人数达7000多人。可以说，IOE已经成为英国、欧洲乃至全球的教育学术研究中心之一。这里所拥有的图书期刊资源极其丰富，汇集了国内外百年来的教育资料，图书馆有整整三层的宽阔空间，面积有一万多平方米，几乎占据了IOE整个教学楼面积的一半。图书馆阅读环境安静舒适，电脑配备先进，数字化程度高，服务友好而专业。通过这个图书馆，就可以窥见其世界领先的秘密了。

2014年9月6日，笔者在国家留学基金管理委员会和北京教育科学研究院资助下，有幸到伦敦大学教育研究院进行为期一年的访学，身份有了变化，成了IOE课程、教育学和评价系的访问学者（Visiting Academic），师从英国著名教师教育家Alex Moore教授。当从一个外部访问者转变为其内部成员（虽然是暂时的）以后，我对IOE的了解、感受和认知就明显不同了。一年来，在伴随着它变化、发展的进程中，我对IOE的了解更直接了。

我所经历其中的最显著变化是，经过两个学校领导、教师以及理事会的研究同意，IOE告别了与其存在比较松散关系的上家——伦敦大学，加入世界级名校——伦敦大学学院怀抱里了。2014年12月2日，IOE的名称改为：伦敦大学教育学院，英文名称为：（University College London，Institute of Education，UCL）。

伦敦大学学院成立于1826年，曾经是伦敦大学的创始学院，是英国史上第一所不以种族、宗教和政治背景而取录学生的大学。随着它的发展壮大，独立意识日益增强，后来就独立为一个大学了。UCL一直与牛津大学、剑桥大学、帝国理工学院和伦敦政经学院，并称为G5超级精英大学和金三角名校，同时是罗素大学集团与欧洲研究型大学联盟的成员。

UCL学生人数有约24600人（2014），其中研究生约11300人。2012年4月，教职员人数约5277人，其中53名为英国皇家学会院士，15名为英国皇家工程院院士，51名英国国家学术院院士，117名英国医学科学院院士。UCL的成员中，有32位诺贝尔奖得主，其中15名是诺贝尔生理学或医学奖得主。2010—2011、2012—2013及2013—2014年，与美国世界新闻报道合作的QS世界大学排名，都将UCL列为世界第4位。而2013年与汤森路透社合作搜集数据的泰晤士高等教育，则将之列为世界第21位。2012年中国科学院与武汉大学合作的世界大学竞争力排行榜，将之列为18名。2014年世界大学学术排名，将UCL列于第20位。除此之外，UCL还拥有实力处于全球前列的神经学研究所和大奥蒙德街医院。①但是，UCL的教育学、社会学实力比较弱，与其世界级大学的地位很不相称。所以，近在咫尺的IOE，就成为其日益关注、认可、欣赏的对象了。

正因为UCL拥有如此巨大的学术优势和世界级影响力，才打动了IOE人的心。因为，IOE的上家伦敦大学虽然名声也很好，但其是一个松散的大学联盟，汇集了许多独立性很强的学院，行政隶属关系松散。它从不独立参加世界大学排名。但伦敦大学这种宽松的学术氛围，却催生了一批世界级名校。可以说，伦敦大学成为世界名校的摇篮和催产婆。现在，伦敦国王学院等学院在世界大学排名中成绩也很突出，独立成为大学的日子也不远了。面对这种学院的独立态势，伦敦大学表现得大度、淡定。它就像一个母亲，以欣喜的目光对待那些独立而有成就的"儿女"。世界级名校伦敦帝国理工学院（Imperial College London，ICL）和伦敦政治经济学院（London School of Economics and Political Science，LSE），也都是从伦敦大学里面分离出来的。所以，我每次路过伦敦大学的主教学楼，心中就有一分敬仰之情。

为什么IOE已经很有名气了，还要加入UCL的怀抱呢？我通过了解，对其原因有了新的认识。据笔者的北师大校友、IOE博士、北师大教育学部老师林可介绍，IOE虽然在全球教育领域里很被认可，但伦敦大学知名度相对不高，这就造成一个尴尬情景：在非社会学、教育学领域，IOE的文凭含金量往往被忽视。我曾经询问IOE知名教授、公民教育大家Hugh Starkey先生，为什么IOE要加入UCL，这有什么好处呢？Hugh Starkey先生显然是这次合并事件的积极支持者。他意见很明确：IOE加入UCL，好处很多，最大的好处是，作为英国科研经费最雄厚的大学，UCL可以为IOE的教学和研究给予充分的资金支持，而这一点，伦敦大学却做不到。所以，经济因素首先主宰了这次合并的进程。而且，UCL作为世界级顶尖大学之一，可以扩大IOE在其

---

① http://zh.wikipedia.org/wiki

他学科的世界影响力。同时，UCL表示，会尊重IOE的相对独立性和巨大国际影响力，会协助其继续保持这种领先地位。而IOE加入以后，UCL就成为伦敦规模最大的大学和研究生院了，科研实力和影响力进一步增强，在社会学、教育学这个原来弱项的领域，一跃达到世界级领先水平，并增加了7000多名世界各地的优秀学生，学生总人数达到35000名。总之，IOE和UCL的合并，成为一个双赢的结局。

IOE院长Chris Husbands教授对这个合并事件进行了积极推动。2014年11月25日，他给IOE师生详细解释了与UCL合并的好处，指出IOE与UCL合并后，通过这种强强合作，可以扩展IOE学术研究的视野和综合性，研究资源会大大增加；可以加强和UCL其他高水平学术机构的合作，研究平台更加丰富而宽阔。他特别针对学生的好处进行了介绍，如，可以提升学生体验的质量，提供更加广泛的投资机会，强化自己学术文凭的国际影响力。而且，学生原来在IOE的优势将得到继续。[①]

但是，也有一些专家和教授对这次合并保持了清醒和审慎的态度。记得2014年12月，在与导师Alex Moore教授的交流中，我们谈及了IOE和UCL的合并问题。Alex Moore教授问我："你对这次合并有什么意见？"我说："应该好处很多吧！"Alex Moore教授态度却比较谨慎，他显然不对此次合作过度乐观。我认为，Alex Moore教授的态度有其深刻原因。在伦敦大学门下时，因为伦敦大学相对弱化，IOE就显得很强势，独立意识强，自由空间大，影响力深远。当IOE加入综合实力很强大的UCL门下后，必然成为其"小弟弟"，影响力肯定受到削弱。因为UCL最需要的，首先是自己综合实力的增强，而不是继续增强IOE的独立意识。当然，UCL也希望IOE继续发展，保持其世界领先优势。这毕竟对其发展有直接的好处。

UCL总裁兼教务长Michael Arthur教授说："IOE与UCL合并，是一个激

---

① http://www.ioe.ac.uk/studentInformation/99970.html

动人心的时刻,是伦敦大学学院历史上最显著的事件之一。这一合并背后的驱动力是学术。研究表明,世界领先的IOE与伦敦大学学院开展的许多研究领域的互补性很强,这两个机构的真正合作,将提供UCL社会科学和教育学领域显著的进步,进一步推进两个机构进行跨越伦敦的合作。在全球高等教育竞争日益增长的新时期,这次合并将使我们更加清晰地对自己进行定位:成为高等教育领域的全球领导者。"①

IOE院长Chris Husbands教授说:"一个多世纪以来,IOE一直有领先世界的教育学和社会学研究,而与UCL的合并将提供IOE丰厚的好处:有机会扩大全球影响力,传统的利益相关者在中小学、大学将获得新的、更富想象力的服务方式,在世界范围内提升高等教育跨学科研究机会。这次合并将有助于确保IOE的持久影响力和使命"。②

时任伦敦市长Boris Johnson说:"这个大胆的合并举动意味着,世界上最好的大学之一,与教育、社会科学的国际领导者进行合作。这将确保二者继续领跑世界高等教育,增强对世界各地优秀学生的国际吸引力。这种显著的合并,也将进一步加强伦敦作为高等教育全球领导者的地位。"

总之,IOE与UCL的合并,引起了广泛的国际关注。这种合并表明,全球高等教育领域的竞争与合作相交织,强强合作将成为一个非常重要的特征,而相对弱势的学校所面临的竞争压力将越来越大。

---

① http://www.ioe.ac.uk/newsEvents/107947.html

② http://www.ioe.ac.uk/newsEvents/107947.html

第六节 大学者,有大师之谓也

——从 IOE 再次名列 QS 世界大学教育学科排行第一谈起

2014年,伦敦大学教育学院(IOE)名列QS世界大学教育学科排行第一名,不仅超越牛津大学和剑桥大学,还超越了美国的哈佛大学、斯坦福大学,IOE的师生都很高兴。笔者曾经对其中的原因进行过初步的分析。

2014年12月5日,经过两个机构的决策者、员工和学生充分协商,伦敦大学教育学院(IOE)正式并入国际知名的伦敦大学学院(UCL),成为其下属的一个相对独立的学院,但其闻名遐迩的IOE标志继续使用。伦敦大学学院因此成为伦敦地区最大的大学和研究生院。而IOE因为加入一个全球影响力很强的大学里,可以享受到更多、更优质的资源和机会,师生的国际交往空间大大拓展,毕业生的文凭含金量更强了。但"东家"如此强大,IOE的独立性、独特性、重要性、影响力必然相对下降,其发展前景如何,有人很乐观,也有一些教授态度谨慎,未见到其兴高采烈的神情。Alex Moore教授,就属于态度比较谨慎的学者之一。

伦敦大学学院(UCL)的国际排名在前20左右。它之所以积极向IOE伸出橄榄枝,是因为IOE在社会学、教育学领域的深厚功力和全球领先地位。这种合并,能使UCL的短板一跃成为优势和长板。

2015年是UCL大学教育学院运行的第一年,其在世界大学学科榜的排名将会如何?还能位列世界第一吗?笔者相信,UCL很关注此事,很希望IOE继续风光,自己也能分享这种荣誉。IOE人肯定也希望自己能继续辉煌。如果加入UCL以后,却退步了,这是两个学校都不愿意看见的。但QS世界大学学科排名(QS World University Rankings)有其规则、标准和评价体系,虽然是英国的评价系统，具有一定的地利优越性，但其客观性、科学性、代表性还是比较强的。显然 IOE 无法自己决定"身价如何"，只能以不变应万变了。

2015年4月30日，与往年相比延迟了两个多月的QS世界大学学科排名结果，终于出炉了。令UCL和IOE人皆大欢喜的是，UCL大学教育学院在全球大学教育学科上的排名，再次名列第一，而且综合得分（97.1）比排名第二的美国哈佛大学教育学院（92.2）高出4.9分，比排名第三的美国斯坦福大学教育学院（90.7）高出6.4分，相对优势明显。而排名第四的剑桥大学，得分为87.1分，与IOE相比，整整差了10分，是一个不小的距离。如此喜讯，让IOE和UCL都很开心。毕竟，在QS所评估的近20个学科中，UCL的排名虽然不错，但能排名世界第一的，只有教育学。所以，IOE给UCL挣得了很大的荣誉，合并显然是正确的！

时间和体验往往是最有说服力的评价指标。笔者在IOE访学期间，对其了解日益深入，逐渐明白了其教学、研究、管理、资源保障、国内外交流等方面的独特性和优越性所在。IOE就像一个沉稳、沉默不语的大师，每日在有条不紊地梳理自己的思路，不断创新自己的教学和研究，行政管理与资源支持有力，是一种无形而和谐的学术保障，且不喧宾夺主，是绿叶和背景。

IOE能够排名世界第一，有偶然因素，也有必然原因。笔者发现，其已经形成系统、规范、频繁的高水平学术研讨活动，成为其学术创新的源泉。这些学术活动几乎周周都有，大大小小、长长短短，一般是半天，持续一天的比较少，极少有延续两天的。参加的人员一般在20到30人之间。研讨活动提前一个月就公布了，大家自愿申请注册，免费参加，但要信守承诺，不能无故缺席、迟到或者早退。每次的研讨活动直接面对问题，理性、严谨而充满了开放性，主讲者多来自IOE或者英国本土其他大学机构，也有来自欧洲和美国大学、科研机构的专家。研讨会形式简单、朴实、干练，没有鲜花，没有桌签，没有横幅，没有背板，更没有领导讲话和翻译，主持人的分量很轻。每次研讨活动，只提供简单的茶水，但会提供各类高水平研究报告，与会者可以免费分享。有时，IOE会免费提供点心、水果和午餐。每个主讲者一般讲30到40分钟，然后是15分钟左右的提问和交流环节。大家都很守时，提问与回答简洁、理性、深入，对事不对人，平等性很强，讨论的气氛浓烈。特别是，这里的专家普遍注重数据和证据，鲜讲理论和大道理，而是以数据、事实进行论证，定量研究与定性研究结合得很好，所谓的理论素养体现在了专家们的谦虚态度、深刻分析和严谨表达中。听众们只是在主讲者演讲结束后，才给以真诚的掌声。主持人的开场白，显得随意而轻松，没有居高临下的压抑感，主讲者很少有激情洋溢的表现，都很平和、理性，面对随时的提问积极应对，不急不躁，显得很沉着。

在多次的考察、体验后，笔者猜测，这种独特的学术制度的建立、完善和高效运行，应该是IOE成功的原因，也是其成功的标志。这是一个学术机构的灵魂所在。当自己能便捷地参与这些活动，分享各位专家的智慧，特别是浸润到这种宽松、求真和友好的研究氛围中以后，IOE的学术威望真正矗立于心中了。从这个方面来评价IOE，它位列世界第一是有道理的。

2015年5月7日下午，我到IOE与导师Alex Moore教授讨论合作研究的课题。导师Alex Moore作为IOE的资深荣誉教授，其谦卑、温和、理性、友善的学术态度、素养和深刻、睿智的学术观点，都在激励自己的学习和研究。讨论结束时，我询问Alex Moore教授："您听说IOE今年又名列QS世界大学教育学科排行第一了吗？您认为原因是什么？"Alex Moore教授淡然一笑，好像开玩笑却又充满深意地回答："这是因为IOE有像我这样的教授！"我很爽快地回答："是，我同意您的看法！"

1931年12月2日，梅贻琦先生在清华大学校长就职演讲中提出："一个大学之所以为大学，全在于有没有好教授。孟子说：'所谓故国者，非谓有乔木之谓也，有世臣之谓也。'"我现在可以仿照说：所谓大学者，非谓有大楼之谓也，有大师之谓也。显然，IOE所拥有的像Alex Moore这样的优秀教授，用言行证明了梅贻琦先生的正确论断。

第七节 优秀教学的 3 大特点

对课堂教学的观察和督导一直是英国学校教育督察的核心任务。《英国2005年教育法案》对学校教学目标进行了如下阐述："教学要照顾并吸引全体学生，这种教学挑战要充分满足每一个学生的不同需求，既包括让那些优秀学生有机会充分展示自己在知识、技能和理解力方面的才华，也包括让英语和数学教师在课堂上管理学生的进步，很好地使用信息来适应教师的问题教学和效果评价，推动学生学习评价的快速、准确。要为全体学生从早期基础教育阶段顺利进入下一个高级学习阶段做好相关准备。特别是，必须在第一个关键教育阶段培养学生扎实的交流沟通、语言和书写技能。"

一、优秀教学往往有三大特点

英国的督察报告发现，优秀教学具有以下3个特点：

1. 老师往往对所有学生表现出高期待。教师简短、鲜明而直接地为全体学生设置挑战，不断询问学生下一步要发生什么，去激励学生回答问题。

2. 优秀的课堂教学往往使用多种不同的教学方式、方法，高度聚焦。允许学生通过高质量的辩论和记录，借助细致的课文标注和有见地的语言分析来提高知识运用的熟练程度。

3. 经验丰富的专家型教师往往处在成功学习的中心。他们能及时加入学生的学习过程中，提醒和激励问题学生，不断改变学习难度，使尽可能多的学生们取得学习的成功。

二、英国课堂教学良莠不齐，问题课堂备受关注

英国教育督察表明，中小学课堂教学存在着良莠不齐的问题，质量差异

显著，问题课堂成为社会抱怨的教育焦点之一。2010—2013年度，英国教育的督察发现"学校里的薄弱教学很令人担忧"，约1/3被检查的英语、数学课堂低于良好标准。2012—2013年度，督察人员旁听了137000多节课，65%的教学被评价为良好或者优秀，比2012年62%的比例有所提高。小学教师课堂教学良好、优秀率为71%，中学为69%。而更好的教学通常在高能力组学生和高年级学段出现。小学最高年级学生更能享受到好的教学，6年级好教师比例最高，而7—8岁学生的教师力量最为薄弱。9年级学生能力比较低的课堂上很少有良好或优秀的教学。8年级和10年级学生能力偏低的班级，与8年级和9年级学生能力平均的班级，出现良好或优秀教学的可能性稍强。

督察数据表明，在问题课堂上，学生的学习经常被学校关于如何创造好教学的错误概念所限制。一些校长及中层管理者经常把很"忙碌"的课当作好课，或者引进的教学方式在计划、教学或观察课堂时非常僵化而官僚。常见的错误观念有五点。

教学进度：课堂教学进度越快，学生学习得越好。显然，教学进度是重要的，缓慢的教学往往使学生难以专注。但一些教师过分关注教学的进度，而忽视了学生学习知识的总量。

活动数量：一些教师认为，课堂教学活动越多，效果就越好。但实际情况往往相反，活动变化太频繁，学生经常无法完成学习任务，更难以巩固和深化。

过分烦琐和官僚的教学计划：教学计划过细，往往导致教师失去对学生学习问题的聚焦。

教学计划缺少灵活性：一些学校政策规定，所有课堂教学计划必须遵守同样的结构，不管教学内容是什么。而教师最需要关注的关键应是学生的学习，而不是对某种固定教学格式的僵硬坚守。

课堂的学习总结过多：在一些被督察的课堂上，教师往往用很多宝贵时间让孩子总结他们学习了什么，而这些孩子其实并没有充分掌握应该学习的内容。一些学生在教师要求完成学习任务前，还被要求进行自我或同伴评价。

三、不同学科皆有好教学，优秀教学有多种形式

2012到2013年度，英国督导专家发现了很多不同种类的好教学，这些教学几乎都有相同的特点：高期待，更细致的学科知识和良好而细心的教学行为以及对儿童积极学习结果的持续关注。优秀教师在课堂上经常组织学生进行小组学习。

（一）识字课

在小学三年级识字课上，老师创建了一种认真的学习环境，学生的学习资源丰富而有序，学习专注、细心而轻松。教师对所有学生都保持高期待，学生们都在复习和应用所学到的情态动词。老师总结上节课学习的知识，借助一个故事来提示学生们识别和引证一些例子，而学生们很专注，有很好的机会来倾听和表达，能够对每个例句的正确发音进行识别。教师通过询问他们在课本上所做各种标记的含义，对所有孩子的学习提出挑战，包括那些学习最出色的孩子。孩子们积极应对老师提出的挑战性问题。老师还把下一步学习计划给全体学生讲清楚，学生要追求他们各自的目标，取得快速进步，超越一般的水平。在备课、教学和进行标注过程中，教师提炼出学科知识的精华，以确保所有学生理解情态动词的含义，以及在表达和书写时如何使用。

（二）环保课

在小学三年级的环保课上，意大利语成为主要的交流语言。教师借助丰富的资源，例如交互式教学白板，以降低翻译工作的需求。一个母语是意大利语的助教，对最困难单词的发音问题提供特别的帮助，孩子们很高兴地努力模仿这个助教的语音和语调。在确定垃圾箱里每个物体如何放置的教学目标中，教师熟练地把已经学习过的语言添加到教学中，以挑战那些更加优秀的学生。包括垃圾箱的颜色、里边放置的物体及数量，在意大利和贝德福德与环保有关的对比数据，成人表演和使用的手势。因此，学生的学习、理解

就没有困难。课结束的时候,所有学生能理解意大利语的很多词汇,并自信地应用。

（三）英语课

在11年级的英语课上,学生正在学习 J. B. Priestley 的《一个侦探的请求》课文。当教师打开课本解释书写评价的每个关键点时,学生们听得专注而安静。教师演示一个评价语句的出色例子,同学们挑战写出自己的例子。接着,学生们开始学习课文。在评价书写的过程中,教师询问每一个学生,运用探究性问题来激发学生对知识的深入理解。教学组织得很精心,每个同学对各自达到的学习目标很清楚,知道自己要学习什么。

第八节　帝国理工，精益求精

——考察伦敦帝国理工学院的感受

世界上著名高校不少，英国伦敦帝国理工学院（简称"帝国理工"）就是很有特色和代表性的优秀大学。帝国理工学院作为一所举世闻名的世界级大学，是英国5所超级精英大学之一，是理工科的顶级学府。但凡能考入这个学校的学子，脑子绝对聪明。虽然这些学生也面临着许多挑战，不少学生会因考试而焦虑。

我自认为理工科特别是物理学得不好，一提起物理，就"头痛"，学习的挫败感明显。所以，对于那些理工科特别是物理学习成绩出色的学生，我从心底里佩服和羡慕。正因为如此，我对伦敦帝国理工学院很仰慕。该高校引起我特别关注的原因还有一个。我尊敬的老师、老领导，著名教育家文喆先生的儿子，就是伦敦帝国理工学院博士毕业，学习的专业是航空发动机。他现在正参加我国大飞机研制和航空航天工程，是个优秀的人才。记得三年前，我去拜访文喆先生，遇见了刚刚从伦敦帝国理工学院博士毕业归来的文喆先生的儿子。在与其交流中，我问他对英国的印象，还询问他为什么不在英国找份工作。他的回答我至今印象深刻。他说："英国是个正在走向没落的老牌资本主义国家，社会发展活力相对缺失，对我吸引力不大。"但伦敦帝国理工学院的教学质量依然吸引着我。

2014年9月，笔者到伦敦大学教育学院访学一年，对英国几所超级精英大学多了进一步了解的机会。我的住地距离英国市中心的海德公园不远，而伦敦帝国理工学院就在海德公园南门旁边，40分钟的步行距离，使我与它的接触机会增加了。我先后四次造访这个大学。最近的一次是2015年7月28日下午，我和爱人、儿子一起来到这个著名学府。夫人和儿子对伦敦帝国理工学院印象深刻。我爱人不无感叹地说："我发现这里的学生气质特殊，个个聪明而严谨。"儿子也在认真的参观中，充满了对这个顶级高校的佩服。特别是伦敦帝国理工学院非常具有理工科特色的精美建筑设计，吸引了他。我也在数次的参观中发现，伦敦帝国理工学院的建筑非常有特色，颜色搭配与建筑格局相得益彰，生动而不失严谨，棱角分明但美感强烈。教学楼大厅里坐落着伊丽莎白二世女王的汉白玉雕塑，见证了帝国理工学院从伦敦大学分离出来、发展壮大的历程。

伦敦帝国理工学院全称为帝国理工及医科学院，简称帝国理工学院，英文名称为Imperial College London，英文全称为The Imperial College of Science, Technology and Medicine，是一所位于伦敦市核心区的公立研究型大学。学院原是伦敦大学联邦中的一员，2007年7月9日，在其百周年纪念日时正式宣布独立，由数个机构合并而成——圣玛丽医院医学院、国家心肺研究中心及查林与威斯敏斯特医学院。其商学院于2003年成立。

帝国理工学院本部位于伦敦市中心的南肯辛顿，另设切尔西、哈默史密斯、帕丁顿等校区，还与新加坡南洋理工大学合作开办新加坡李光前医学院，为最具规模的校园网络之一。各学系与研究中心被归入四大学术学院。亦为弗朗西斯·克里克研究所、帝国学院国家卫生服务信托两大健康科学学术中心的始创者、众多学术联盟的成员之一，是英国金三角名校之一。

帝国理工学院专注于医学、理工、商学的教研，为全英最难入读的学府之一。2010—2011年获得全英国第二多的研究经费资助；2012—2013年度研究总收入为82200万英镑，其中3亿多英镑为研究资助。该学院被评为英国十强高校之一，校友包括众多在有关领域做出巨大贡献的科学家及政治家。15位师生校友为诺贝尔奖得主。

帝国理工学院是一个开放式的大学，由众多分散的校区组成，大部分院系在南肯星顿校区，毗邻久负盛名的海德公园和皇家阿尔伯特大堂。自然历史博物馆、科学博物馆、维多利亚与艾尔伯特博物馆、皇家艺术学院、皇家音乐学院及皇家地理协会都在学校附近。南肯星顿校区中央的女王塔，是校园里的标志性建筑。塔高287英尺（85米），是从前帝国研究院唯一保留下来的建筑物。它原来是一座大楼的一部分，塔内还有以前设置水缸的大堂。20世纪60年代，帝国研究院在原址上扩建。1966至1968年，该塔进行改建，成为一座独立的建筑物。塔里面悬挂着10口大钟，是1982年来自澳洲的礼物，以王室成员的名字命名。每有重要的王室成员生日或其他王室纪念日，大钟都会在下午打响。该大学所有院系都有自己的图书馆，在南肯星顿校区还有一个中心图书馆，包含了科学博物馆的图书馆，面向登记的公众开放。中心图书馆平日每天24小时开放。

2000年，校友加里·田中捐赠2700万英镑，建立了一幢新的商学院大楼，被命名为田中商学院（Tanaka Business School）。2008年，田中商学院（Tanaka Business School）更名为帝国理工商学院（Imperial College Business School）。英女王伊丽莎白二世2004年将商学院正门设为帝国学院的正门。学院每年花费巨额资金不断翻新的设施，翻新了南肯星顿区大楼，重建了学生宿舍和一个体育中心。

帝国理工学院1907年由维多利亚女王和阿尔伯特亲王在1845年建立的皇家科学院（Royal College of Science）、大英帝国研究院（The Imperial Institute）、皇家矿业学院（Royal school of mines）和伦敦城市与行会学院（City and Guilds of London Institute）合并组成，尽管这三所学院仍然在宪制上保留着自己的实体，帝国学院1907年7月获得了皇家特许状，成为一个实际上统一的实体。随后，圣玛丽医院医学院，国家心脏和肺学会，查令十字和西敏寺学校先后并入帝国理工，组成医学院，作为帝国学院的第四个宪制学院。1997年，帝国理工医学院兼并了皇家研究生医学院、皇家妇产科学会，2000年又兼并了肯尼迪风湿病学学会。

2000年，帝国理工兼并了不知名的崴学院（Wye College），主要研究环境科学。人们认为，帝国学院的目的是获得崴学院所拥有的大量土地。2005年12月6日，崴校区吸引了10亿英镑的投资，将被建成一个能容纳12500人的生物燃料研究中心。

2002年，维持了几十年的宪制学院系统被废除，采用了新的院系制度。2002年，帝国理工和伦敦大学学院商讨合并，但因伦敦大学学院员工及学生反对，该计划于一个月后中止。2005年底，学院宣布合并物理科学院（Faculty of Physical Sciences）和生命科学院（Faculty of Life Sciences），组成新的自然科学院（Faculty of Natural Sciences）。2005年12月9日，学院宣布计划退出联邦制的伦敦大学，开始与伦敦大学磋商相关事宜。2007年，学院在伊丽莎白二世女王的见证下，宣布正式脱离伦敦大学，成为一所独立的大学。

尽管帝国理工是专科类大学，它仍经常在英国各种大学排名中名列三甲，还在英国许多工程和医学院排名位列榜首。在世界排名中，帝国理工优势也很明显。泰晤士报高等教育增刊2007全球大学排名显示，帝国理工位列全球高校第五名，列工程和信息技术世界排名第六位（欧洲第二），医学世界排名第七，科学世界排名第十三。2012年，在泰晤士报全球大学排名中，帝国理工总评分略低于美国麻省理工，排名第八。在2010年TIMES排名中位列第三。据2014—2015年QS世界大学排名结果，剑桥大学、帝国理工学院并列第二。

总之，伦敦帝国理工学院是一个非常优秀的大学。笔者在阅读该大学的校刊中，欣喜地发现，来自中国的优秀学子日益增多，且表现突出。在一些世界级别的高校学术比赛中，中国籍学生往往夺得冠军，为伦敦帝国理工学院赢得了荣誉。一些华人学者也在帝国理工担任教授、副教授等职务。

在对伦敦帝国理工学院的数次考察中，笔者认为，精益求精的教学领导力和创造力是其显著的特色。如果您有机会来此参观或者学习，就会发现，细节的精美和严谨，不凡的智慧和创意，科学的理性和创新，充分体现在伦敦帝国理工学院的各个方面。

第五章
为实现卓越而改变

概要

人类必然迈入可持续发展文明,这是一种世界大同。英国对生态文明教育和可持续发展教育高度重视,苏格兰地区更加重视,进行了教育立法,环境保护成为共识。英国可持续发展教育的课程设计和教学专业化水平较高,值得借鉴。

第一节　英国可持续发展教育的基本情况

随着2015年联合国教科文组织《全球可持续发展教育后续推进线路图（GAP）》文件的发表和世界第二次可持续发展教育大会的召开，全球可持续发展教育正处在承前启后、继往开来的重要时期。以京津冀地区协同发展战略实施为契机，我国可持续发展教育的理论研究、政策制订和实践推进，也面临新的机遇和挑战。本文拟对英国，特别是苏格兰地区可持续发展教育状况进行比较研究，提出政策建议。

一、可持续发展教育的核心价值

英国作为西方发达资本主义国家和联合国五大常任理事国之一，在推进可持续发展教育（ESD）方面承担着重要职责。英国教育政策如何为可持续发展而变化？情况如何？

联合国教科文组织"可持续发展教育十年计划"（DESD）目的在于，促进教育的变化和进步，试图把原则、价值观和可持续发展实践整合起来。英国教育部在中央政府和地方政府的推动下，对可持续发展教育核心价值的认识比较清晰。2005年3月，英国政府在DESD策略文件上正式签字，体现出一种政治承诺和政治定力。英国政府的核心目标是，推动可持续发展教育，积极把可持续发展纳入整个教育中，超越联合国可持续发展教育十年计划（2005—2014）的要求。英国相信，"需要通过教育来培养适应可持续未来需要的价值观、行为和生活方式。""年轻一代是未来世界的保管人，需要有更好的受教育机会和教育质量。我们决心提高教育系统的能力，为人民实现可持续发展做好准备，包括加强教师培训，围绕可持续发展进行课程改革，通过职业培训为学生在可持续发展领域做好准备,更有效利用信息和通信技术以提高学习效果。加强学校、社区和政府间的合作,促进所有教育达到优质水平。"①

二、可持续发展教育的政策设计与组织保障

(一)政策设计

2008年,英国出台可持续发展教育行动(ESD)计划,"为实施可持续发展教育,政府部门将与公众、社会自愿组织进行合作,鼓励所有4700教会学校2016年成为可持续发展学校。"② 在大中小学,可持续发展教育网络和伙伴关系持续蓬勃发展,特别是为了帮助学校,作为可持续发展和环境教育的环境教育理事会进行了重新配置,通过各地区和下属管理网络,与政府、非政府组织的利益相关者建立了合作伙伴关系。③

2011年3月,英国教育部支持建立由国家儿童局、可持续发展协会、环境教育协会领导的新可持续发展学校联盟。强调各地区、各学校在推进可持续发展教育方面的自主权。④

2015年1月,时任教育部国际教育司司长Lorna Bertrand在答复Bill Scott和Ann Finlayson两位教授对英国可持续发展教育政策的质询时表示,非常支持英格兰地区学校把可持续发展教育(ESD)纳入教学里,政府正在提供这样的机会。政府相信,学校有能力自己做出这方面最好的决策。国家课程的

---

① Mairi.Stewart.Kershaw, The UK Future of Education for Sustainable Development–eight responsibilities for education? Education Dialogue Group, 2012: 3-5
② Rowan Williams, 2009-2016: The Church of England's Seven-Year Plan on Climate Change and the Environment, ed. Church and Earth, Archbishop of Canterbury, p. 39
③ Education for Sustainable Development in the UK in 2010, Networks and Partnership Initiatives: Examples of Key National ESD Players, p.10
④ Caroline Spelman MP, The Natural Choice: Securing the Value of Nature, ed. The Rt Hon. p.48

目标之一是，给教学专业人员更多自主权，来决定教什么，如何教。[①] 英国苏格兰地方政府还从立法、教育政策、课程改革等多个领域，系统推进可持续发展教育，成为英国可持续发展教育的亮点。

（二）组织机构

英国大中小学可持续发展教育的主导机构为教育部，负责制订和推进全国可持续发展教育政策。英国联合国教科文组织工作委员会作为一个独立机构，汇集约250名来自教育、文化、科学和通信网络等领域的专家，与中央政府、民间组织紧密合作，为政府决策提供咨询意见，协调政府与联合国教科文组织的合作关系，制定决策实施方案，促进、鼓励英国对联合国教科文组织的支持。

英国联合国教科文组织工作委员会设立可持续发展教育（ESD）协调小组，作为该机构教育委员会的分支机构，监督英国ESD落实情况，查明和报告ESD进展；拓宽各界人士、特别是其他领域关键从业者、决策者对ESD重要性的认识；跟踪ESD发展轨迹和对其新的理解；支持教育是可持续发展关键的认识，开展进一步行动；强化整体协调，找出差距，发现机遇。

为ESD的传播和发展，英国可持续发展教育（ESD）协调小组设立ESD论坛，作为一个更大、更广泛的基础平台，统筹政府、地方当局、社会机构、非政府组织、研究人员和学者等利益相关者的工作。通过上述核心成员的工作，英国建立了广泛的可持续发展教育交流网络，共同实施可持续发展教育（DESD）十年目标。[②]

三、英国可持续发展教育的实践效果

[①] http://se-ed.co.uk/edu/sustainable-schools/policy/

[②] UK National Commission for UNESCO Secretariat, Education for Sustainable Development in the UK in 2010, Published by the UK National Commission for UNESCO, 3 Whitehall Court London SW1A 2EL United Kingdom. 2010:5

（一）总体进展

1. 可持续发展理念不断融合到英国政府工作中，突出了实现ESD的实现方式：基于学习和发展，把可持续发展学习作为主流价值贯彻到政府的教育运作之中。

2. 可持续发展教育的好做法已存在于所有水平的教育和大多数学习环境中。好教学、改善学习效果，与教师专业水平和教师资格相联系，这些教师成为交流、分享可持续发展教育好经验的创新社区和网络的一部分。在正规教育系统里，"可持续学校""生态学校"和"全球学习"等项目活动得到政府部门和非政府部门等利益相关方的持续支持。学校把可持续发展教学纳入公民课程大框架之内。为让孩子形成应对气候变化问题的坚定认识，教学注重循序渐进，首先弄清基本概念和相关背景知识，不断巩固可持续发展教育话题。从教育关键阶段3开始，地理和科学课的新方案涉及可持续发展教育问题，注重关键概念，而不是满足于对政治、经济和社会问题的争论。由可持续发展小组及大学生社团牵头，开展学生宿舍关灯活动（能源再循环）。由可持续发展委员会负责，牵头开展可持续发展行动计划，把资金分配给大学生或工作人员。

3. ESD网络和伙伴关系在大中小学继续蓬勃发展，特别是中小学得到了因可持续发展和环境教育而重新配置的英国环境教育理事会、政府、非政府组织利益相关者所组成的区域和管理网络的支持，大学则得到英国高等教育学会ESD项目拨款的支持。

4. 在可持续发展、环境和气候变化的有关教育术语中，"ESD"缩写和使用的频率越来越多。这意味着，可持续发展教育在推动学习能力方面的问题正在被讨论，英国主管部门对可持续发展教育的系统理解仍然存在着显著挑战。政府部门加强了ESD的协作，使其更加连贯。

5. 应对气候变化问题成为推动ESD的特别动力。这得益于非政府组织、基层部门对气候变化问题的日益关注。但一些英国ESD学者认为,对气候变化问题的普遍关注,已经使ESD的轮廓变得模糊起来。

6. 有兴趣将可持续发展纳入持续专业发展的行业越来越多,同时他们想开展可持续发展内容的专业实践。然而,作为一个整体对专业培训和标准进行可持续发展设置,还处在探索的初期阶段。[①]

[①] UK National Commission for UNESCO Secretariat, Education for Sustainable Development in the UK in 2010, Published by the UK National Commission for UNESCO, 3 Whitehall Court London SW1A 2EL United Kingdom. 2010:7-9

第二节 可持续发展教育的区域特色

——以苏格兰地区为例

一、对可持续发展战略的政治定力

1. 可持续发展是苏格兰地方政府各项政策中的优先选择

英国苏格兰地方政府在推进可持续发展战略方面体现出非常强的政治定力，借助自身在教育立法、政策方面的很大自主权，把更加绿色、更加公平作为苏格兰政府的首要政策目标。2009年，苏格兰政府颁布《苏格兰气候变化法案》，发挥法律法规的威力，来保障减少温室气体排放。该法案强调了社会变化对可持续未来的重要性，强化教育在促进社会发展进程中的作用，聚焦可持续发展、可持续发展教育，通过ESD把政策决策者、在可持续社会转型中的关键实践者整合起来。

2. 正规教育中的可持续发展教育特色鲜明

苏格兰政府为落实联合国教科文组织"可持续发展教育十年计划"做出了实质性承诺，通过政策设计推动了可持续发展教育的实施，政策的引力不断强化。苏格兰政府成立了联合国ESD十年行动计划指导小组——可持续发展委员会（SDC），举办ESD利益相关者论坛，推进和管理可持续发展教育利益相关者的工作。该委员会代表着ESD方面的广泛利益，已为履行承诺和行动计划提供宝贵帮助。[①] "学与教苏格兰运动"（LTS）建立了可持续发展教育咨询小组，为开发ESD课程、实现优质教育提供战略指导。LTS进一步支持教师通过网上资源、面对面会议和其他职业继续发展（CPD）学习工具，

---

① http://www.gov.scot/resource/doc/312576/0098842.pdf

开展可持续发展教育。

苏格兰地区政府出台《为变革而学习》文件,把可持续发展原则、价值观和实践整合到教育各个方面,进行可持续发展的学习,来落实联合国ESD计划和苏格兰要实现的目标。"为苏格兰创造一个可持续发展的未来,需要广泛的理解和巨大的文化变革——实现这一目标的关键是可持续发展教育"。苏格兰可持续发展教育目标是,人人具备可持续生活的知识、理解力、技能和价值观。可持续发展被全面整合进正规教育体系的所有阶段,让体系里的所有人有终身学习的机会,了解可持续发展信息并采取行动,通过强大资源网络和伙伴关系分享技能、专业知识。[①]

二、可持续发展教育的课程张力

2011年,苏格兰地区政府注重提高中小学校和教师推进可持续发展教育的能力,做出"探索一个地球学校"公开承诺,帮助学校"迈向一个地球的未来",逐步减少使用资源,发展能解决可持续性的价值观,成为生态学校。通过学校和教师参与行动,把教育促进可持续发展、全球公民和户外学习三个同样重要的方面进行整合。2012年12月,苏格兰部长级可持续发展教育咨询小组报告发表,独立性的苏格兰教学专业委员会(GTCS)完成了职业标准的修订工作,要求所有教师在教学中解决"为可持续发展而学习"问题(定义为"一个地球的学校"),对全体教师进行ESD内容的职前、职后培训。

苏格兰中小学可持续发展教育的学校目标[②]

1. 帮助学生成为负责任的公民;
2. 为推进共同的价值,把课堂学习与学校整体教学结合起来;
3. 学校不断现代化,基于可持续的设计进行完善;

---

① www.scotland.gov.uk/Publications/ 2006/07/25143907/4

② The Scottish Government, Learning for Change: Scotland's Action Plan for the Second Half of the UN Decade of Education for Sustainable Development, Edinburgh, UK. 2010:9

4. 学校拥有推进可持续发展教育的优质资源、建议和支持；

5. 在可持续发展中的学习和教育支持是最高质量的；

6. 学校尽可能充分利用我们的自然遗产来促进学生的课堂学习。

《致力于卓越的课程》（CFE）文件的出台，体现了课程、教材对可持续发展战略的明显张力和驱动力，为可持续发展教育提供了重要的哲学、教育学和实用性框架与政策环境。学校课程的重大变化是明确目标，通过《致力于卓越的课程》（CFE）文件的制订和分阶段实施，把可持续发展理念整合到课程里，特别是技术、科学和社会学科。文件提出，所有学习者应具备的四个核心能力之一是，年轻人应该成为"负责任的公民"，这标志着对可持续生活和公平的有力推动。可持续发展教育的目的不是要告诉人们什么是重要的，他们应该怎么做，而是让他们自己决定什么是重要的，他们想要做什么，需要使用什么技能去实现自己的目标。[1]

苏格兰地区可持续发展教育目标体系[2]

1. 儿童

帮助儿童成为负责任的全球公民，改善他们在学校的学习氛围，提供内容丰富的室外活动学习和真实生活体验的积极成就感，促进孩子的情感发展，减轻教师的教学压力。

2. 学生

提供高度相关的新学术课程和高水平技能模块，增强他们的社区归属感，提高他们对更广阔世界和未来的影响能力。

3. 社区

有机会积极发挥作用，建设一个可持续的未来，学习更好地利用资源，

---

[1] http://www.gov.scot/Publications/2010/05/20152453/2

[2] http://www.gov.scot/Publications/2010/05/20152453/2

增强社区归属感和世界意识。

4. 工作场所

学习更好地利用资源，从而获得更高效的经济发展。私营部门和公共部门工作得到更多融合，健康、社会包容、社会福利等问题得到改善，政府治理和决策更有效。

探究可持续性问题是苏格兰学校非正式或课外作业的一个特色。几乎所有学校都在政府支持的生态学校建设方案中进行了登记，近50%的学校已经获得"绿色旗帜"的荣誉资格。约翰缪尔奖学校、权利尊重学校、公平贸易学校和森林学校，已更广泛理解、促进可持续发展教育。然而，由于这些还不是可提供给所有学校的课程计划，在"第三部门"课程作用和主流保障课程之间，还存在着紧张关系。

2009年10月，苏格兰地区大学可持续性督察报告表明，可持续性问题已被嵌入大部分院校的战略计划，并在可持续高效物业管理方面有了很大进步。但一些大学还没有充分提高员工、学生的可持续发展意识，没有把可持续发展问题嵌入到课程和教学模块中。这是一个有待改进的领域，苏格兰政府和合作伙伴将鼓励高校采取进一步的行动。[①]

三、可持续发展教育的社会效力

除正规教育系统外，苏格兰地区非正规教育和社区的可持续发展教育实践效力也日益彰显。苏格兰地区政府鼓励社区参与可持续发展活动，这些非正规教育"溪流"已成为成功的学习模式，把可持续发展理念嵌入到整个苏格兰地区。2008—2012年，苏格兰气候挑战基金会（CCF）提供3770万英镑资金，支持345个社区采取行动来应对气候变化，产生了教育收益。一部分CCF经费支持年轻人负责的教育项目，活动命名为"少年气候挑战基金项目"。除政府资助的项目以外，可持续社区计划得到增强。通过"人口稀少地

---

① http://www.gov.scot/Publications/2010/05/20152453/4

区的保护和发展"（CADISPA）项目，人们正在接纳"为了自己、通过自己"的理念。1987年以来，CADISPA项目支持了苏格兰农村地区由基层社区领导的活动，借助行动研究，对体验式和非正规学习解决本地区可持续发展问题的项目提供了指导。

社会发展转型活动以越来越多的小组方式进行，对苏格兰很多社区产生了积极影响。一些项目在爱丁堡大学和圣·安德鲁斯大学的社区里开展起来。圣·安德鲁斯大学与当地社区合作，赢得了联合国可持续性项目的补助金。2012年12月，联合国大学认可的可持续发展教育区域中心（UNU RCE）在苏格兰成立。随着联合国教科文组织"可持续发展教育"（UNDESD）后续计划的推进，苏格兰政府对可持续发展教育的支持会继续强化，从而给学校、学者、政府和民间组织的协同工作提供了新机会。

第三节 英国可持续发展教育的问题、动向与启示

一、问题

与苏格兰ESD区域特色相比,英国其他地区相对缺乏引领性政策和策略,缺少清晰的可持续发展目标。如何让所有年龄段学生最适宜地体验可持续发展教育?怎么为改善学习者的学习效果做出贡献?这些看法在政策和实践层面还不一致。

英国可持续发展教育规模还不大,大部分学校以教育项目为基础而进行,各地区、部门、领域对可持续发展教育接受程度参差不齐。英格兰和北爱尔兰地区因缺少可持续发展教育政策,可持续发展教育的好做法难以被广泛接受。威尔士地方政府特别关注可持续发展,但这种优越性带给可持续发展教育的政策支持已减弱。

ESD作为一个学生在16岁后的学习领域正在发展,但进展并不顺利,ESD方面的成人学习和社区学习处在早期阶段。尽管一些职业如建筑业,在培训中提供了整合ESD内容的课程,但其他行业的整合很慢或未发生。关于ESD的研究和评价学习成果数量增多了,与ESD有关会议和研讨会显著增加,但在16岁以后学习和技能领域,ESD研究依然相对缺乏。

因为缺少彼此联系,社会很少意识到正规教育学习经验、社区参与、第三部门能力建设之间进行协同的潜在价值。此外,强调竞选、行动、宣传、行为改变的做法,与学习、探索可持续性领域微妙、复杂性和固有不确定性活动之间存在着矛盾,很少有协同创新的机会。

二、动向

英国政府对实施可持续发展战略的政治定力正在强化,其优先选项是,创造一个实体绿色经济来刺激经济发展,与适应气候变化结合起来。进一步提高各种教育的供给质量和水平,强化与可持续发展教育之间的相关性。大多数证据表明,可持续发展教育中的好做法带来了更好的学习效果。英国政府将成立可持续发展委员会和若干小组,确保可持续发展委员会和相关群集组、公平贸易指导小组和采购集团的可持续。

英国联合国教科文组织工作委员会已向政府提出建议,加强教育在实现更加繁荣、可持续未来中的关键作用。英国应该把可持续发展教育列入全局性教育政策框架,促进可持续发展教育的推广,为其提供所需的凝聚力、方向和内驱力,拓展和固化好做法,防止对实践经验和资源的不必要重复。英国政府可以加强课程和可持续发展的联系,鼓励中小学生参与可持续发展课程项目,与大学院系合作;通过宣传,为其他可持续发展教学与研究群组提供支持。

建立和强化"ESD泛英论坛"机制,负责推进、完善和评价英国的可持续发展教育。在尊重各自行政管辖权和政策职权范围情况下,联合国教科文组织英国工作委员会加强与英国政府、所有下属机构在ESD领域的合作。探索在维护学校责任中支持可持续发展教育,在政府部门、教育领域实践者和社会团体之间,以充实的方式交流好做法,在各种学习情境下分享最佳实践。

建立可持续发展教育课程进展的审查和报告机制。英国教育督导机构OFSTED在年度督察中,已把可持续发展教育情况作为督察内容之一。由财政部负责,每年报告工作人员、学生和其他人有效参与伦理投资的情况。作为股东,大学应该考虑撤资、投资或与公司合作,或基于道德投资政策的可持续性因素,更改银行提供商和参考采取行动,提高自己的可持续发展水平。

三、启示与建议

可持续发展教育正在成为世界各国摆脱环境灾难困境、共同塑造美好明天的教育变革进程。① 英国可持续发展教育的成绩、特色、动向和问题表明，强化国家和地区实施可持续发展战略的政治定力、法律威力、政策引力、课程张力、实践效力和教师能力，是推进可持续发展教育、促进国家现代化的关键。

（一）政治定力

政治定力，指对核心价值的敏锐判断力、政治领导力和国家意志力。可持续发展的政治定力是指政府对推进国家、地区可持续发展战略的内涵、目标、意义、内容、途径、方法、措施、成效、问题等头脑清醒，意志坚决，行动有力，系统连贯，锲而不舍。联合国教育、科学及文化组织关于可持续发展教育十年（2005—2014年）最后报告指出，"可持续发展教育十年"期间得到的最为明显的一个教训是，"强大的政治领导力对可持续发展教育发挥着推动作用。但这仍然是一项进展中的工作。"② 无论在正规体系内，还是在非正规学习和提高公众认识方面，从政策承诺和示范项目过渡，再到全面实施课程编排、教学和日常工作，政治领导力和国家意志力的作用至关重要。

我国《2012—2020年教育改革与发展纲要》已把可持续发展教育作为战略主题之一。深入开展以可持续发展为价值导向的教育协作，培养具有可持续发展理念、素养和能力的新一代公民和人才，是实现可持续发展的重要前提。区域协同发展问题具有战略全局性、系统整体性、现实迫切性特征，其本质是可持续发展。可持续发展是我国各民族、地区、领域、阶层、行业等利益攸关者的"最大公约数"，而环境污染问题是社会公众期待解决的"最小公倍数"。强化对可持续发展、可持续发展教育的政治定力，是提升对国家发展问题战略决断能力的关键。

---

① 谢春风，积极完善以可持续发展为导向的教育政策——基于世界自然基金会报告的分析与建议，复旦教育论坛，2013年第11卷第4期，第55页。
② 联合国教育、科学及文化组织，可持续发展教育十年（2005—2014年）最后报告：塑造我们希望的未来，巴黎，法国. 2014: 3

（二）法律威力

所谓法律威力，指法律法规的权威性和国家强制力，以法律的权威保障可持续发展教育的顺利实施。习近平总书记提出的"全面依法治国"方略，为可持续发展教育协作提供了正确方向。国家教育主管部门应会同国务院法制办公室、全国人大常委会立法机构，加强法律法规的可持续发展教育导向，修改、完善《义务教育法》《高等教育法》，要求中小学、大专院校和科研机构强化社会责任感，履行服务国家和社会可持续发展的法律责任。

（三）政策引力

政策引力，指国家和省市层面的可持续发展教育政策对教育实践的引领能力。实践发展领先于教育政策设计的态势，在我国大中小学可持续发展教育方面体现得很明显。2014年1月10日，教育部举行可持续发展教育座谈会，时任副部长刘利民曾经表示，为响应党的十八届三中全会关于建设生态文明的号召，教育系统有必要更加广泛推进可持续发展教育。将进一步考虑研究制定全国可持续发展教育相关文件，在政策层面对国家开展可持续发展教育做出新部署。[1] 建议教育部进一步落实党的十八大、十九大、二十大报告提出的可持续发展战略、生态文明战略，发布关于全国大中小学可持续发展教育相关政策实施意见。在这个意见中，应专门研究布置京津冀地区可持续发展教育协作问题。

（四）课程张力

课程张力，指国家大中小学教学大纲、课程标准、教材内容对可持续发展教育的影响力和驱动力。建议教育部把全球、国家和区域可持续发展问题及解决策略、生态文明建设问题及对策等内容，纳入不同阶段的教学大纲、课程标准和教材中，鼓励学校建设可持续发展教育地方课程与校本课程。建议教育部修订符合可持续发展价值导向的《课程标准》和《教学大纲》，充

---

[1] 王咸娟，可持续发展教育：立德树人和优质教育的创新实践——可持续发展教育座谈会近日在教育部召开，http://www.bjesr.cn/jkydt/2014-01-12/10768.html

实、更新大中小学教材内容。在创造公平公正、经济安全、生态承载能力强和民主社会的过程中，培育能够影响个人、学校和社区工作的知识、技能、价值观和态度。在不断变化的世界中，可持续发展教育应被看作一个整体视角和一个改变世界的持续过程。①

（五）实践效力

实践效力，指以教育政策、组织机构、运行机制的完善来提高可持续发展教育实践的功效，以政策推组织，以组织建机制，以机制求效力。教育部应该强化对国家可持续发展教育工作的领导，明确相关部门的职责，并积极发挥联合国教科文组织中国全委会、全国可持续发展教育项目工作委员会的独特作用。加大中小学可持续发展教育实验力度，把它作为克服"应试教育"极端化倾向的突破口，为合格公民与创新人才培养提供肥沃的土壤。

（六）教师能力

教师能力，指大中小学教师实施可持续发展教育的自觉性和行为能力。教师是实施可持续发展教育的关键因素，可持续发展教育已成为优质教育之道的代名词。在教师培训中，要以资助项目、政府委托项目、规划课题、校本课题为途径，推进"节约型学校"建设，培养可持续发展教育"种子教师""骨干教师"和知名专家，建设大中小学新能源可再生能源教育示范教室和数据库。中小学应积极培养儿童青少年科学的学习方式和健康的生活方式，有计划地推进国家和省市可持续发展教育示范区建设。

备注：

鸣谢北京可持续发展教育协会会长史根东研究员、北京教育科学研究院可持续发展教育研究中心主任助理王巧玲副研究员的宝贵支持。

---

① 谢春风，积极完善以可持续发展为导向的教育政策——基于世界自然基金会报告的分析与建议，复旦教育论坛，2013年第11卷第4期，第55页

第六章
英国教育发展的压舱石

概要

英国对学校教育质量的督导评价体系健全，法规严密，督导评价的独立性和权威性强，专业公信力高。督导评价制度是英国教育质量的压舱石。

第一节 独树一帜的教育督导体系

2013年以来,英国为改善教育质量,出台了系列新政策和措施,希望保持教育的世界一流水平。值得关注的是,英国在改革大中小学管理体制、扩大学校自主权、鼓励学校自治和家长选择教育的同时,以督导为龙头,加强了对各级各类学校的质量监督,在教学、校长领导力、学生行为、安全等方面进行重点督察。英国教育质量国际认可度日益提高,成为全球最大留学目的地之一。高质量督导评价体系和制度已经成为英国教育发展的压舱石。本文拟对2013年以来英国教育督导目标、准则、标准、特点、问题进行跨文化分析,提出政策建议。

一、督导目标:更加聚焦学生,层次分明

1992年,英国教育督导机构——教育标准局成立(Office for Standards in Education,简称Ofsted)。2007年4月,教育标准局更名为教育、儿童服务与技能办公室,仍沿用Ofsted标志。

据对英国最新教育督导法规、政策文件和督导实践的分析,本研究发现,其督导目标层次分明:造福学生,为其今后更高阶段学习、就业和人生发展打下基础,这是其价值轴心;对政府、国会和女王负责,依法督导,提供决策和政策依据,这是其法律责任;做出等级评价,督促学校改进管理和教学质量,提出具有约束力的专业建议,这是其教育使命;服务公众,为家长提供大中小学质量状况的独立评估报告,便于其为子女选择真正好的学校,这是其社会义务。[1]

---

[1] Ofsted, The report of Her Majesty's Chief Inspector of Education, Children's Services and Skills 2012/13,[EB/0L]

2014年9月,新修订的英国《学校督导框架》把督导目标概括为:"为每个被督导学校的管理和教学成效提供独立的外部评价,以及应该如何改进的诊断方案。而这些将建立在评价人员认可的符合国家框架评价原则的证据之上。"① 同时,新学校督导框架文件提出了督导的3个基础功能:为家长协助子女选择好学校提供独立评价意见;为国务教育大臣和国会提供学校教育质量信息;提供达到最基本标准的教育保障,增强政府使用公共教育资金的信心,促进学校及整个教育制度的提升。②

2013、2014年,英国教育标准局在年度督察中评估了被督导学校是否达到《教育法案》第五章所规定的目标:教学要照顾并吸引全体学生,挑战要充分,满足每个学生的不同需求,既包括那些优秀学生有机会充分展示自己在知识、技能和理解力方面的才华,也包括英语和数学教师在课堂上管理、帮助问题学生,很好使用信息来适应问题教学和效果评价,推动学生学习评价的快速、准确;要为全体学生从早期基础教育顺利进入下一个高级学习阶段做好相关准备,特别是,必须在第一个关键教育阶段重点培养学生的交流沟通、语言和书写技能。英国教育标准局提出了督导的重点,"加强对那些问题薄弱、学生发展潜能未很好发挥的学校的教育督导,并对自身的学校督导工作进行反思和改进。"③

英国政府在不断扩大学校自主权的同时,强化了对各类教育机构、特别是大专院校和中小学的目标管理和质量监控,"宽松的方面更宽松、严格的地方更严格"的督导策略彰显。

---

① Ofsted, The framework for school inspection [M]. The Information Policy Team, The National Archives, Kew, London TW9 4DU, 2014(09):04
② 同上
③ Ofsted, The report of Her Majesty's Chief Inspector of Education, Children's Services and Skills 2012/13, [EB/0L]. 2013:26

二、督导准则：更加强调效果，设计周密

谁来督导学校，如何进行督导，直接影响该项工作的质量。学校督导者行为准则清晰周全，严密严格，明确具体，确保了英国学校督导有条不紊，富有成效。

（一）学校督导者的组成

本文通过分析2013、2014年度英国教育标准局中小学质量的督导报告和相关文件后发现，学校督导小组小而精，专业而高效。督察人员少，对学校造成的干扰相对就小。《英国学校督导框架》对学校督导小组进行了规定：每个小组一般包括2名外派督察，其中一名为领导督察，一名为助理督察。这些督察由教育标准局直接从外部雇用，借调一定的期限。按照合同约定，这些雇佣的督察者由社会督察服务机构提供。督察服务机构是独立于政府之外的社会商业机构，负责组织安排学校督导活动。Ofsted对外派督察所需的资格和水平进行规定，对他们进行初次和持续培训，以确保其符合所需标准。Ofsted 经常公开一些督察服务职业机构提供的外派督察名单。而另外一些督察由现任校长、高级职员组成，这些高级职员包括国家和地区教育局的领导。所有督察都要接受常规培训，以确保他们熟悉督察框架的新变化、督察方法和教育实践的发展。

（二）教育督导者行为准则（the Code of Conduct for Inspectors）的确定

Ofsted委派的学校督导者要遵守12条行为准则，涵盖了对督察者评价目标、工作态度、专业品质、工作任务、督察方法、应变能力和廉政要求，这些准则系统、全面、操作性强。《学校督导框架》规定，学校督察人员要展现出最高专业水平，确保尊重、公平对待督察期间遇到的每个学校人员。督察者的专业水平建立在如下行为准则之上：评价应客观，公正无私，避免畏惧或偏爱；依照督导框架文件、国家教育质量标准和法律法规的要求进行督察；

所有评价建立在清晰而有力的证据之上；不与那些可能削弱评价客观性的人员接触；评估报告诚实而清晰，确保对学校的评价公正可靠；工作廉洁，对待所有接触人员要礼貌、尊重，保持灵敏度；努力把督导工作对所在学校的影响和压力降到最低；为保障学生的最大利益和福祉而行动；目标明确，与被督导人员的对话富有成效，对评价意见的沟通要清晰而坦率；尊重评价信息的隐蔽性，特别是涉及个人和他们工作的信息；对学校的合理关切要反应适当；对安全保护、健康等事项要采取快速而适当的行动。①

三、督导标准：更加富有弹性，影响深远

（一）教育质量评价时间、标准富有弹性，变化明显

2014年9月起，英国教育督察出现两个明显变化，一是，把对好学校的督察时间由五年一次缩短为三年一次，其他学校根据需要进行临时督导；二是，把学校评价等级中"满意"指标改为"需要全面改进"，以增强校长改善实践的责任。这些变化反映了英国督导制度弹性较强，对大中小学产生了明显影响。英国教育标准局采用新的区域结构方法和评价指标，对那些不够好的学校进行由女王监管的教育督导，取得了显著成效，"更大的责任和更聚焦的督导正在帮助许多基础薄弱学校取得进展。这种直达女王和国会的督察向学校和地方教育局传达了一个普遍理念，督促学校不断改进的督导已扮演了快速干预的催化剂角色。"②

笔者一直关注英国教育标准局的督导质量标准内容，但这些标准隐蔽，没有出现在政府公布的正式文件中。经多方努力，笔者在英国教育标准局公布的2012、2013年"杰出"学校质量督导报告中找到了新、旧督导评价标准。

---

① Ofsted, *The framework for school inspection* [M]. The Information Policy Team, The National Archives, Kew, London TW9 4DU, 2014（09）:14

② 同上，第20页

表 1 英国学校教育质量评价指标（2014 年新修订指标）[①]

等级	评价结果	具体描述
1级	杰出	杰出学校为满足所有学生需要而提供的教育教学效率很高，效果非常好。这能确保学生们为下一阶段的学习、进修或就业做好非常充分的准备
2级	好	好学校提供的教育教学成果有效，良好满足了所有学生的需求，这确保了学生们为下一阶段的学习、进修或就业做好良好准备
3级	需要改进	需要改进的学校还不是一个好学校，但也不是一个不合格学校。这个学校在24个月以内将接受一次全面的教育督导
4级	不合格	有严重问题的学校属于整体性不合格，需要显著改进，但校长和中层管理者基本称职，可以评价为第三等级或者更好。这个学校将接受教育标准局的定期监测、督察，直到合格
5级	特别关注学校	学校未能为学生提供可接受的教育水平，需要采取特别措施进行改善。学校校长、管理层和监管者没能力完成这种改善（将被调整或撤换）。这个学校将接受教育标准局的定期监测、督察，直到合格

（二）新督导标准的特点

1. 关注学生的长远、全面发展，要求教育教学具有持续的影响力

对比研究发现，旧督导标准对"杰出"的定义只强调学校要确保学生为下一阶段学习做好充分准备，而新督导标准要求更全面，强调学校要为学生下一阶段学习、进修或就业做好非常充分的准备。

2. 关注校长、学校管理层及教育监管者的领导力问题

旧督导指标中没有关于校长及管理层要求的表述，新标准体现出既不苛求、也不放松监管的特点，提出了对不合格学校校长及管理层的评价、处理意见。

---

① Angela Cole, *The quality and standards of the early years provision* [EB/OL]. The Office for Standards in Education, Children's Services and Skills, London, 2012:07

3. 提高了对大中小学教育质量的评价要求

英国教育标准局把原来"满意"的评价等级改名为"需要改善",强化了问题导向和实践提升要求,杜绝成绩平庸学校的存在,提高了对所有学校的督导质量要求。

四、督导体系:特色日益彰显,效果突出

(一)法律地位高

日益加强的法律权威和法律地位,是英国教育督导的特色之一。依法督导、履行法律责任成为其威慑力所在。Ofsted经常使用的一句话就是:"由女王委派的学校督察者,由教育标准局直接雇佣,依法进行独立督导。"笔者在英国一些大中小学切身感受到,各级各类学校和办学机构都非常重视、认可Ofsted的督导评价意见,社会公众特别是家长,更根据Ofsted的评价结果来选择子女就读的学校,购房地点往往与附近学校的评价等级密切相关。笔者正在进行访学的伦敦大学学院主要负责英国中小学教师学历教育和专业培训,在Ofsted的质量督导中多次被评为"杰出"等级,该大学引为自豪。

英国教育督导法律文件是其整个教育法律体系发展到一定阶段的产物,经历了建立、充实和完善的过程。1902年,英国首部教育法案诞生,1918年,教育法案把0—14岁儿童教育确立为法律保障的重点。1988年,撒切尔夫人任首相时英国政府出台著名的《教育改革法案》,实施国家课程与考试制度,建立针对所有学校的质量评价体系和国家直接拨款学校政策,加强了教育国家控制,对学校采取更有力的督导措施,以确保教育质量的提高。同时,把市场原理引入教育,重视和保护作为教育消费者的家长合法权益,实行学校自主化管理。1992年,《学校教育法》对教育督导体制进行重大改革,成立专门督导机构——教育标准局,结束了由中央督学团与地方视导团组成的双元制学校督导体制。1996年,《学校督导法案》出台,规定所有学校必须6年内至少接受一次教育评估。1998年,《学校标准与框架法案》公布,对英国教

育督导评估的管理方法、实施细则、评估结果的应用及评估质量监控等做出进一步规定，成为英国教育督导评估工作的法律依据和纲领性文件。2005年《教育法案》公布，委派督导小组对大中小学进行更短、更迅速的质量督察。2006年，《教育与督导法案》及作为其第五章附件而制定的《学校督导框架》出台，建立了14—19岁学生教育证书考核制度。至此，英国教育督导法律体系基本确立。①

2014年9月，英国对《学校督导框架》进行修订，教育督导法律地位日益稳固，Ofsted督导权威增强。《学校督导框架》指出，接受女王授权的领导督察（Her Majesty's Chief Inspector，HMCI）或国务大臣（the Secretary of State），对那些免于督导的学校及任何其他需要督导学校高度关注。2005年《教育法案》第8章规定，督察者有权在任何时候对相关学校进行督导。经过对学校教育风险水平的评估，或从其他渠道获悉学校表现或学生安全问题之后，教育标准局将确定是否需要对某所学校进行督导。②

（二）行政独立性强

英国教育标准局因法律而设立，教育督导行政独立性强。Ofsted既是政府职能部门，拥有政府权威，又独立于教育部之外，直接对法律负责，对英国国会负责。Ofsted对各级各类学校的教育督导评价，依照《教育法案》第5章、第8章和《教育与督导法案》及《学校督导框架》进行。督导时间、种类、督导者组成、督导方式、督导结论、督导落实等由Ofsted决定。学校督导报告一旦公布，几乎不再改动。Ofsted称："今后，我们将对那些无法快速改善的最薄弱学校进行更严格的督察。"③

---

① Susan Wallace, A dictionary of education [M]. Oxford University Press, Oxford, 2009:83—85

② Ofsted, *The report of Her Majesty's Chief Inspector of Education，Children's Services and Skills 2012/13*，[EB/OL]. 2013:11

③ Ofsted, *The framework for school inspection* [M]. The Information Policy Team, The National Archives, Kew, London TW9 4DU, 2014（09）:8

（三）专业底蕴深

教育督察文件及督察人员所具有的专业底蕴深，严谨性、系统性和针对性强。

1. Ofsted对学校的督导全面而系统

评价涉及各级各类学校和被督导学校的每个方面，评估结果是综合性意见，学生成绩只是众多指标中的一个，权重有限。英国教育标准局成立后，发布《学校督导框架》统一指导学校督导工作。这套督导框架包括简介、评估准则和纪律、评估过程三个部分，涉及81个细节，涵盖学校课程、教与学、学生成绩、教育支持、校园与校风、学生安全、资源与领导、管理和质量保证等领域。同时，以外派督学为核心的"督导小组"成员要参加政府公开招标，在中标后与教育标准局签订合同，依法独立对学校进行督导。

英国《学校督导框架》指出，学校督导的关键特点包括，高度聚焦学校提高学生成绩最有影响的举措，做出谨慎的判断；会见校长、学校职工和管理者，职工、家长及学生的意见成为评价的重要依据；报告学校的教育质量，特别要涉及学生成绩、教学质量、学生行为表现、人身安全、校长领导力和管理水平。Ofsted强调，为加强对学校及其他相关教育保障机构质量的督察，将进行新的培训，严格对特殊学校的质量督导，督促各地方教育局履行在特殊教育方面的责任。将与教育部合作，帮助最低水平的学生达到适宜水平，使其成为国家教育水平评价和履行责任的一部分。[①]

2. 关注学生发展水平，考试成绩成为督导的重要依据

英国公立学校须开设英语、数学、科学等统一课程，分阶段参加统一测试。学生的基础教育曾分四个阶段：5—7岁为第一关键阶段；7—11岁为第二关键阶段；11—14岁为第三关键阶段，进行统一标准会考（SAT）；14—16岁为第四关键阶段，进行10门左右课程的会考（GCSE）。新近又设立第五关键阶段，对16—18岁学生进行水平考试，即大学预科考试（A-Level）。学生参

---

① Ofsted, *The framework for school inspection* [M]. The Information Policy Team, The National Archives, Kew, London TW9 4DU, 2014（09）:8

加上述三个考试的成绩和水平，成为督察者判定学校教学质量、等级的重要参考依据。

案例分析表明，英国督察人员在对某中学做出"杰出"评价时，分别使用了"学生成绩"（Achievement of pupils）、"教学质量"（Quality of teaching）、"学生行为和安全"（Behaviour and safety of pupils）、"校长领导力"（Leadership and management）等指标，把"学生成绩"列为首要指标。该报告在介绍学校教育质量特色时，依然把学生学习情况放在首位。报告披露，新生入学后，接受了为期两周的严格年级水平测试，以摸清每个孩子的学习基础。从这个基础水平出发，教师制定个别教育计划，帮助每个学习者不断挑战自己的学习目标，以六周为期进行了学习水平检测，提高了学生成绩和教育质量。一个督导人员这样评价该"杰出"学校："这个学校能使所有学习者达到国家认可的不同标准，一些学生中考（GCSE）成绩突出，一些学生大学预科考试（A-levels）成绩也很突出。"[①]

3. 督导评估奖惩分明，对学校和社会的政策引领强

2014年9月开始，英国教育标准局把学校质量标准进行调整，确定为优秀（Outstanding）、良好（Good）、需要改进（Requires Improvement）和不合格（Inadequate）四个级别。学校督导评价等级不同，待遇也不同。如果被评为不合格，学校将被勒令限期整改，但会得到地方教育行政部门经费、资源支持、后续评估，直到合格为止。如果整改之后依然不能达标，学校将被关、停、并、转。督导评估结果为优秀、良好的学校，将享受3到5年内免于深度督导或督导的对待，并被家长所青睐。2014年9月以来，笔者在英国伦敦一些大中小学进行考察时多次发现，凡是被Ofsted评定为优秀（Outstanding）、良好（Good）的学校，都把评定证书放在学校非常显眼的位置，而那些被评

[①] Martyn Groucutt, Janet Tomkins, *School report:The Bridge Alternative Provision Academy*, 2013:4

定为优秀（Outstanding）的学校，包括伦敦大学学院、伦敦大学伯克贝克学院，还把证书发布在大门前，并在教学楼上挂起了鲜艳的宣传横幅，难掩兴奋心情。

2013年度，Ofsted对近1500所学校进行了督导，发现超过90%的学校在弥补自身教育缺陷方面取得令人满意的进步。督察小组多角度、立体性开展课堂观察、教学审查，分析学生发展及进步的数据，对教师表现给予全面评价。Ofsted称："我们获得了更加连贯而全面的资料，记录了那些进步超过预期的学生，这提示我们，这些学生的成绩很出色。这种督察使我们确信，我们的工作处在正确的轨道上。学校督察工作的亮点是，能确保在下一次督导评价时这个学校教学体现出好的状态。"[1]

---

[1] Ofsted，*The report of Her Majesty's Chief Inspector of Education, Children's Services and Skills 2012/13*，[EB/0L]. 2013:11

第二节　对英国教育督导的肯定与批评同存

英国教育督导取得很大成效，称赞者很多，但依然存在不少问题，批评声从未停止。

一、教育争议明显

社会各界特别是学校，对Ofsted督导目标、内容、标准、方法和效果的评价分歧明显，称赞者很多，质疑和反对者也不少。Ofsted对学校的督导本质上是一种对学校教学质量的法律、行政和专业监督，被监督者特别是那些得到低水平评价的校长、教师甚至学生家长，往往对Ofsted的督导结论提出质疑和反对，甚至提出"英国教育到了该与Ofsted说再见的时候了！"[①] 每当这个时候，Ofsted就以数据、事实来回应这些批评，论证自己工作的正当性和成效，并改进一些问题。对监督者的批评也是监督，反映了英国社会的民主生态，但这种日益明显的争议和矛盾，必然干扰学校对Ofsted督导结果的认同。

二、督导标准受到质疑

Ofsted为提高英国高等教育和基础教育的国际竞争力，不断提高了评价标准难度，学校校长和教师的压力加大，这种行为招致一线教育者的批评。许多校长、教师批评政府部门教学质量监测活动多而片面。为应对这些内容单一的质量监测活动，他们不得不把主要精力放在核心课程教学上，艺术、历史等基础课程必然会被忽视。一些校长警告说，Ofsted的教学质量监测制度将会失败，原因在于英国学生的国家水平考试依然围绕核心课程进行，学

---

① http://www.free-school-from-government-control.com/Ofsted.html

校和教师不得不适应这种教育现实。英国校长协会秘书长Russell Hobby说："Ofsted希望它自己关注的问题能够被解决，但英语、数学水平考试制度的影响力强大，它对此却无能为力！"①

三、校长和教师承受的教育压力大

英国校长协会的批评者认为，Ofsted每年的督导报告指出了学校校长、教师的各种问题、缺点，但这些问题大部分是社会、家庭原因造成的，不应该归罪于学校，学校和教师的教育能力是有限的。一些校长批评说，Ofsted给予学校的批评多于其提供的帮助。给学校划分等级、对问题学校校长采取特殊措施的做法是一种"点名批评和羞辱政策"（naming and shaming policy）。②笔者的导师、伦敦大学学院教育研究院著名教授Alex Moore的夫人现在是伦敦市一个公立中学的校长，就深受教育督导的影响。他与笔者多次交流英国教育督导的成绩和问题，指出："目前，英国许多校长和教师教育心理负荷沉重，对来自社会的批评很敏感，校长的社会压力更大。教育督导制度对提高教学、管理质量是必要的，但给校长、教师造成的巨大心理负荷值得关注。"他还给我透露，"我夫人原来在伦敦一所学院制学校担任校长，工资高，但教育压力太大。不久前，她换到了一所普通公立学校担任校长，以减缓心理压力。"

四、教育督导成本高

一些专家、校长认为，Ofsted每年花费7000多万英镑进行学校督导，成本高，效果差，这笔资金使用得不值。一些人甚至提出："Ofsted为什么每年要花7000万英镑进行督导？"质疑者认为，缺乏足够的证据说明这个结果与教育督导有直接关系。但也有一些专家认为，这种教育督导制度促进了教育

---

① Russell Hobby, *Schools' curriculum 'should be rated separately' by Ofsted* [EB/0L]. http://schoolsimprovement.net/tag/russell-hobby/, December 5, 2014. 2015年6月29日

② *Why Ofsted Inspection Of Schools Should Be Abolished* [EB/0L]. http://www.free-school-from-government-control.com/Ofsted.html

质量的改善"堪称完美。"① Ofsted 在每年的学校督导报告中对自己的工作成效进行解释和辩护。如，其在 2014 年度的督导报告中指出，"所有学校对教育督导的反应积极。2014 年度，那些因需要全面改进而被再次督导的学校，有 2/3 达到了好甚至杰出的标准。这是因为这些学校接受了由女王支持的督导改善建议。"

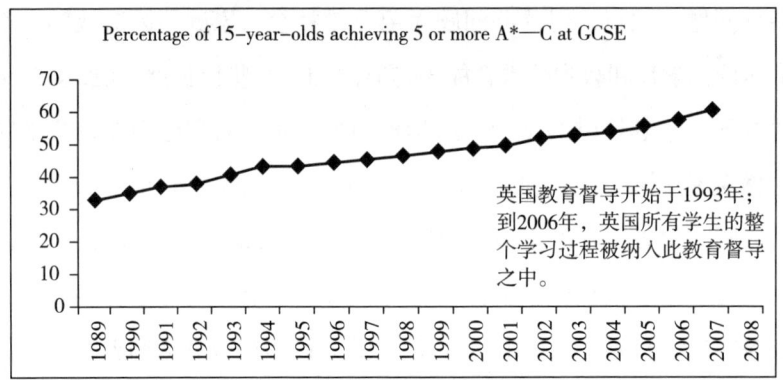

图 1　英国 15 岁学生中考（GCSE）时获得 5 个或更多 A* 至 C 成绩百分比变化（1989-2008）②

笔者认为，这些教育争议是督导之"矛"与教育之"盾"对立统一关系的反映，是监督和反监督关系的正常表现，是因与果、现实问题与未来改进间的必要互动。英国 Ofsted 正在不断完善督导文件和实践做法，说明它对自己存在的问题是清醒的。

---

① Jackie Beere, Ian Gilbert, *The Perfect Ofsted Inspection* [M]. Independent Thinking Press, Wales, UK, 2012:03—04

② Ofsted, The school report of Her Majesty's Chief Inspector of Education, Children's Services and Skills 2013/14, The Information Policy Team, The National Archives, Kew, London TW9 4DU, 2014:06

第三节　英国教育督导特色的中国启示

近些年，我国教育督导发展很快，行政条令逐步完善，督导影响力增长，对教育实践的积极促进作用渐显。但对比英国的教育督导，我们需要反思和借鉴地方不少。突出问题是，我国教育督导法律地位尚未确立，教育督导行政独立性弱化，督导专业针对性缺失，无法发挥其作为教育发展"定海神针"和压舱石的作用。特别是无法通过科学、全面而有权威的督导，把大中小学、幼儿园校长（园长）和师生从片面"应试教育"中解救出来，学校发展缺乏权威、有公信力和指导性的督导评估，学校办学水平和业绩往往被单纯的应试成绩和升学率所绑架。

一、把督导政令升华为法令，强化教育督导的法律权威性

英国教育督导法律威慑性强、覆盖性广、透明性高、奖惩分明，Ofsted成为英国教育发展的压舱石。2012年10月1日，我国《教育督导条例》正式施行，值得祝贺，但其法律权威性缺失。该条例规定了督导的目标，明确了督导的对象和内容，确立了督导原则，建立了督导工作机制，还提供了督导经费的预算保障，指出"县级以上人民政府应当将教育督导经费列入财政预算。"[①]　笔者建议，应把"依法治国"精神落实到教育督导中，加强教育督导的法律权威。教育部应会同国务院法制办公室，尽快启动教育督导立法程序，把《教育督导条例》从行政法令上升为国家法律、国家意志。同时，应制定《教育督导法》的配套文件《学校督导框架》，细化教育督导。只有这样，教育督导的独特价值才能彰显。

---

① http://www.gov.cn/zwgk/2012-09/17/content_2226290.htm

二、把"裁判员"和"运动员"分开，确立教育督导的行政独立性

英国教育督导有其局限和不足，未必都适合我国国情，但其教学、管理、评价各负其责，督导与行政相对独立的制度设计，值得借鉴。我们应强化各级教育督导机构代表法律、代表政府的督导职责，与同级别的教育行政机构相剥离，更不应由同级别教育行政领导兼任督导机构负责人。只有确立教育督导机构行政独立性，才能真正发挥其作为教育发展定海神针的作用。

三、变督导"鸡肋"为教育"佳肴"，提高教育督导的专业针对性

英国教育质量督导标准呈现宏观和微观两个层面，教育质量等级评价整体性、概括性强，但支撑该等级评价是由80多个细节组成的监测体系。这种独立、专业、严密、频繁、严厉的督导，确保了学校教育质量的透明性和评价的客观性，教育问题发现、纠正比较及时，对杰出学校的激励充分。我国应该对督导目标、程序、准则、质量标准、对象、内容、反馈等进行法律层面的研究和制度设计，形成若干教育督导法律、政令和政策；切实提高教育督导机构和人员的专业化水平，防止教育外行特别是督导外行对学校的误导。要通过科学、系统而有引领的督导评价，把大中小学、幼儿园校长（园长）和师生从片面"应试教育"中解救出来。大中小学要在有公信力和专业指导性的督导评估支持下，尽快摆脱办学水平和业绩被应试成绩和升学率所绑架的被动局面。

我国教育督导法律权威性、行政独立性和教育专业性的确立、发展和完善，将成为破解诸多教育顽症的"金钥匙"之一。

第七章
牛津文化感悟

概要

牛津大学是大学精神的象征,是人文精神的殿堂,图书馆和书店琳琅满目,是全世界莘莘学子向往的知识中心。这里的文化悠久、博大而精深,这里的老师亲切、严谨、深沉而儒雅。牛津文化是自我觉悟者的文化。

第一节　中英文化重视家庭谱系

家庭是中国文化的根源，中国人是家庭本位的民族，注重血缘、邻里关系和文化传承。5000多年的中华文明，孕育了多少家族的继往开来、沉浮和兴衰。无数正反事例表明，忠厚传家久，诗书继世长。

《周易》有言，"积善之家，必有余庆。"荀子的《劝学篇》，也深刻阐述了学习的重要性，其中的一句话极为精彩——"积善成德，而神明自得，圣心备焉。"这提醒后人，学习的首要任务是积德，积善而成德，而不是单纯的学习知识。积善者将具备圣贤之心胸和崇高境界。

在日常生活中，我们在赞叹某人干了大好事时，往往会说，"您这是积了八辈子德！"或者在羡慕某人的幸福、幸运和成功时，赞叹说，"您能有今天的成功，那是因为您祖上积了八辈子德""祖上积了阴德"。而在骂人时，往往会说，"骂某某八辈儿祖宗！"

一天，我突然问自己，"我们每个人的八辈儿祖宗究竟是谁？""积了八辈子德中的八辈子指哪些亲人谱系？"答案是明确的：我真不清楚！

于是，我借助互联网进行了查询，答案还真有，而且比较可信。来自百度的资料解释说，八辈儿祖宗指上四辈和下四辈，即高祖、曾祖、祖父、父亲以及儿子、孙子、曾孙、玄孙。八辈祖宗是俗成习惯，应该是九辈，分上九辈和下九辈。上九辈指鼻祖、远祖、太祖、烈祖、天祖、高祖、曾祖、祖、父，下九辈指儿子、孙、曾孙、玄孙、来孙、晜孙、仍孙、云孙、耳孙。

遗憾的是，我们的家庭观念似乎正在日益淡漠，最明显的问题是，传统的家族谱系被肢解，原来的亲缘关系日益淡化，中华文明的家族观遭到了削弱。所以，从2016年起，国家允许每个家庭生二胎，意义重大。

2015年初，我和几个中国访问学者应邀去伦敦大学学院著名教授Hugh Starkey位于牛津大学的别墅做客。Hugh Starkey夫妇热情接待了我们，他带领我们参观他家非常精致的小别墅。在参观其位于二楼的一个房间时，他专门展示了自己家族的谱系及亲人的牌位，自豪地告诉我们，"这是我自己的名字和所处的家族位置。"我吃惊地发现，英国人非常注重家庭关系和家族传承，不都是所谓的个人本位主义。

中华民族的伟大复兴是文明、文化的复兴。这种文明和文化的复兴，根源于家庭、家族谱系的恢复、发展、健全和发扬光大。如果根之不存，树便将枯萎。

第二节 《道德经》的世界意义

——对中国道教学会原会长任法融《道德经》注释文本的浅悟

2015年3月13日,一个阳光明媚的初春下午,我利用访学回北京的短暂闲暇,到位于北京市西城区的白云观参观,并顺访在此工作的老乡,也是大学同学王书献先生。

王书献先生现在是中国道教学院办公室主任。那天下午我去拜访他时,他正在开会。为不影响他的正常工作,我就先到白云观进行了参观。这天不是什么节日,游人稀疏,环境幽静。我好奇心使然,还特意去抚摸了大庙正门右侧上方的非常著名的小石猴雕像。但见这个并不大的石猴头像,已经被游人摸得乌黑发亮。据说,每年春节期间,特别是大年初一,来此抚摸小石猴头像的游客可谓人山人海。因为大家相信,在这个特殊的时候抚摸小石猴的头,可以祈福、走运、发财!其他时间来这里抚摸石猴,效果就很一般了。

在白云观参观了一个小时后,我终于见到了很忙碌的老同学王书献先生。他约我到附近的一个小茶馆喝茶并闲聊。半小时后,为不影响他的重要工作,我主动起身告辞。毕竟他还在工作,而我是半个"闲人"。临行前,他送给我两本很小的小册子,以表达其热情和友谊。我仔细端看,原来是中国道教学会会长任法融先生注释的《道德经》文本。该文本印制得小巧而精美,虽然不是正式出版物,但其作者地位和背景特殊,含义应该也很特别。

但这个小册子的内在含义,是笔者返回伦敦后才日益领悟到的。因为这个小册子携带方便,3月15日,我就把它们都带到了英国。我平时阅读时逐渐发现了中国道教学会会长任法融先生的不同凡响。他作为中国道教界的领军人物，对《道德经》的理解、领悟的确高人一筹，他道德境界高远，文化功底深厚，视角独特，思考深入，文笔简练，有些观点振聋发聩。这个小册子是笔者见到的为数不多的注释《道德经》的优秀读本之一，值得珍藏和学习。鉴于此，笔者就对王书献先生多了几分感谢之意。否则，笔者就失去了学习中国道教学会会长任法融先生独特感悟的机会。

2015年4月1日上午，我去牛津大学访问，看望在这里学习、正攻读经济学硕士学位的戴博文同学。早就听说戴博文同学是一个有不凡经历和珍视祖国优秀传统文化的学习者、实践者。于是，我就特意送给他中国道教学会会长任法融先生注释的《道德经》文本，希望他有空时读读，也许有帮助。戴博文同学在稍后的来信中，专门表达了他对这个小册子的喜爱和珍惜，对我说："这个《道德经》文本非常珍贵，是一个非常难得的礼物，一定会好好拜读。"闻听此言，我感到很欣慰。他的确是个有眼力、有智慧的优秀学生。

《道德经》是中华人文先祖老子的旷世杰作，留下《道德经》一部经典，也不过5000多字。但这薄薄的《道德经》却字字珠玑，充满了天地的大秘密和人生智慧，成为中华民族的文化源头之一，并影响到全世界。《道德经》以其朴素的辩证法精神和无二的智慧境界，成为世界公认的哲学之祖，是中华文明的精华所在。每次阅读它，都感受到孔子曾经所仰慕的老子比游龙更高大、更玄妙的伟大形象，并为其惊人的智慧而赞叹不已！

"人法地，地法天，天法道，道法自然。""致虚极，守静笃。""天道无亲，恒予善人。"这些来自老子的智慧，值得笔者去认真学习、理解、体验。面对这些经典，我们教育工作者应该保持必要的敬畏和庄严，并将其运用到教育工作当中。

第三节　大家风范与细节完美

——有感于 Hugh Starkey 教授的学识和情怀

2014年9月6日，笔者到英国伦敦大学教育研究院（2014年12月5日改名为：英国UCL大学教育学院）做访问学者。经北京师范大学教育学部公民与道德教育研究中心主任檀传宝教授热情推荐，笔者有幸结识了著名的Hugh Starkey教授。

2014年12月14日中午，我当面请教Starkey教授："您提出了世界主义公民身份的观点。但世界贫富分化悬殊，不平等在加剧，世界主义公民身份教育的观点是否理想化过重？"他认真地说："同一个世界，同一个梦想，这是北京奥运会时的口号，我很赞同。世界不平等是现实，但我们不能泯灭自己的教育梦想，要致力于全球儿童平等和世界大同。"

2015年1月18日，Starkey教授热情邀请笔者和在伦敦大学学院学习的几个同事一起，到他位于牛津大学的家中做客，并为此进行了精心准备。他提前一周详细告诉了我们出行的路线、时间及车票的价格，约定好见面的时间、地点。

那天的牛津大学天清气爽，但寒风不小，吹在人脸上感觉很冷。Starkey教授不顾天气寒冷，到牛津大学汽车站热情地接我们。他和夫人不仅热情款待我们，亲手制作了丰富的大餐，还非常友好地领着我们参观他那充满了文化气息和历史厚重感的精美小别墅。他能在牛津大学核心区拥有这样的精美别墅，真是难能可贵。

Starkey教授生于此，长于此，毕业于此，对牛津大学了如指掌，感情深厚。他与夫人Phyllis Margaret Starkey女士一起，带领我们到牛津大学许多重要的学院进行参观，他的讲解是我听到的最深入而权威的一次。他还带我们到牛津大学最古老的图书馆参观，了解到牛津大学悠久文化的核心魅力所在。他带我们到他曾经学习的学院参观，介绍学院的特点和重要特色，甚至介绍了学生们平时如何学习、生活的细节和趣事。

Hugh Starkey 教授位于牛津大学的家的正门（北门）

本书作者与 Hugh Starkey 教授及其爱人

Phyllis Margaret Starkey 女士在他们的庭院留影

在近两个小时的参观中，我们不仅与牛津大学的历史与现实有了一次

"亲密"接触，更被休·斯塔基教授和夫人Phyllis Margaret Starkey女士的真诚、友好所感动。休·斯塔基是大名鼎鼎的教授，60多岁了。他的夫人Phyllis Margaret Starkey女士更大名鼎鼎，不仅毕业于牛津大学，是著名的化学家，还曾经是英国劳动党地区领导者和国会议员。在香港回归中国期间，她曾经作为英国政府代表团成员到访北京，作为贵宾而被接待。她还细心保留了当时人民大会堂给她制作的"要人"桌签，并给我们展示，她对那次北京旅行充满了美好回忆。

笔者曾经到访牛津大学多次。2011年7—8月来此短期学习时，牛津大学教育学院曾经为笔者和北京教育科学研究院的同事们安排了专门的参观和讲解活动。但这次只有一天的短暂访问，内容丰富、视角独特，让我们得以了解一些细节背后的内涵。笔者最大的收获是，Starkey教授和夫人的真诚、友善、谦和、严谨和大气。牛津大学以她独特的环境、文化孕育了无数优秀的人才，Starkey教授和夫人就是其中杰出的代表，是大家风范和细节完美的统一。

能接触到这样的专家，是笔者的幸运。笔者真诚感谢北京师范大学教育学部公民与道德教育研究中心主任檀传宝教授的热情而真诚的举荐。他那句写给Starkey教授的话："请您像当年对待我和王啸博士一样，对待我的好友谢春风博士"，至今温暖着我的心！

本书作者与 Hugh Starkey 教授在 UCL 大学教育学院留影

本书作者与 Hugh Starkey 教授在牛津大学留影

第四节　牛津大学的底气来自哪里？

——与樊台平博士考察牛津大学所感

牛津大学植物博物馆

牛津大学是英语文化圈中最古老的大学，也是世界上最著名的大学之一，大师云集，地位神圣，是无数学者、学子仰慕和向往的文化圣殿。

2012年3月31日，本书作者荣幸与剑桥大学三一学院樊台平博士及夫人和米娜女士，到举世著名的牛津大学访问，热情的樊台平博士亲自开车，陪同前往。中午时分，我们来到牛津大学，简单午餐之后，开始了考察。

2011年夏我来牛津大学进行短期培训时的班主任、牛津大学继续教育学院"领导力与公共政策项目"副主任Lord女士，热情接待了我们。她带领我们参观了牛津大学古老的校园，特别推荐我们参观了牛津大学著名的自然历史博物馆。Lord女士热情介绍了这个自然历史博物馆的价值、特点，就一些重点文物给我们进行了专业的讲解。

　　来去匆匆,我们在这里的考察和交流不过两个多小时,但牛津大学古老、历史悠久、精美、厚重的恢弘建筑群,以及所折射出的璀璨文化光芒,Lord女士真诚、友善、谦和、专业、热情的态度和精神,更感动了我们每一个人。牛津大学高素质、有道德的人和其伟大的建筑群相映成趣、互根互生,形成了独特的"牛津文化"。牛津大学的"牛气"和底气,来自这里的人,来自这里的文化和道德氛围,依托于其神秘的建筑群。

　　牛津大学也好,剑桥大学也罢,为什么底气十足,气场强大?是因为这里的人对历史、文化和自然有敬畏的态度!牛津大学自然历史博物馆的建设,就充分体现了他们对大自然、对历史的尊重和敬畏。面对这些古老、恢宏的建筑群和厚重的历史,令参观者佩服牛津大学的底蕴、境界和胸怀。

第八章
剑桥的文化灵动

概要

中国传统文化在剑桥大学很受尊重,不仅孔圣人的雕塑在校园里昂然伫立,中医文化和研究也得到认可。剑桥大学是科学和智慧的灯塔,李约瑟博士成为中英文化交流的先行者,令人敬畏。樊台平博士成为中华传统文化走向世界的积极推动者。

第一节　第四次走进剑桥大学的独特感受和宝贵收获

——聆听剑桥大学樊台平博士的精彩讲话

1999年8月，我第一次走进剑桥大学。但那只是走马观花，匆匆而过，我并未真正走进剑桥大学的"内心"。

2010年11月，应剑桥大学幸福研究所所长Feilicia Huppert教授邀请，我有幸陪同我院院长，到剑桥大学达尔文学院，就青少年幸福进行了专题交流。笔者向英国同仁和剑桥大学学生介绍了自己关于青少年幸福感与学习问题关系的研究情况。这次剑桥大学之行，虽然有实质内容，但依然来去匆匆，只待了半天。剑桥大学依然很遥远。

2011年7月中下旬和8月上旬，笔者随同北京教育科学研究院部分同事，到牛津大学参加"领导力与公共政策"项目学习。期间，笔者第三次光顾剑桥大学，停留了半天。一切似乎很熟悉又很陌生。

2012年3月27日到4月7日，我第四次走进剑桥大学，先后居住在剑桥大学的唐宁学院、圣·查尔斯学院、丘吉尔学院和克莱尔学院。这10余天的亲密接触，终于使我对剑桥大学产生了一种亲近感，连校园内孔子的雕塑，徐志摩的诗词碑文，也变得很熟悉了。

当然，更加让我感受深刻的，是樊台平博士基于祖国传统文化如何发扬光大问题的深入交流。

2012年3月28日上午，阳光明媚，空气清新，窗外小鸟的鸣唱似乎在提醒我们，美丽的春天已经到来。在剑桥大学的唐宁学院，笔者有幸聆听了樊台平博士就中医文化如何发扬光大问题进行的开诚布公的交流。

国际著名学者樊台平博士作为欧盟范围内推广中医文化的积极促进者，数年来，在政策和学术层面作了不少重要工作，贡献很大。樊台平博士认为，按照现代科学的说法，万物的能量均有ATP组成（全称为adenosine triphosphate，腺苷三磷酸，也叫三磷酸腺苷）。中医讲的气，可能也是由ATP组成的。这是用西方的标准来解释中医。目前，中医的科学性与有效性正在引起英国人的关注。剑桥大学即将迎来800年校庆，学校将举办"中药周"，成立"中药学研究中心"。但目前，人们对中医的看法还不一致，剑桥大学一些校领导和学者认同中医，但也有一些中层领导和教授对中医还有异议。所以，如何用西方标准来解释中医的科学性问题，还需要进一步解决。2011年4月30日以后，英国政府已经禁止进口中成药。但散装的饮片和单体颗粒，可以进口。

不知不觉之中，一个多小时已经悄然过去，我们还需赶赴伦敦。但樊台平博士基于中医文化的交流，给我正确理解中国传统文化，打开了新的视窗。笔者的第四次剑桥大学之行，充满了深意。

第二节 剑桥大学三一学院拥有强大气场与魅力的秘密

——拜会三一学院院长马丁·瑞斯男爵

(Martin Rees, Baron Rees of Ludlow)的感悟

英国,曾经的"日不落帝国",现在吸引全球瞩目和神往的资产日益减少。但牛津大学和剑桥大学等世界名校的独特魅力,使这个曾经的"日不落帝国"依然光彩照人。世界各地的学者、学子和游客都在向往这两个最著名的学术圣殿,也给有些暮气、保守的英国注入了力量。

据笔者所知,牛津大学和剑桥大学均有一个非常牛气的学院,即三一学院。我的实际体验是,这两个大学的三一学院的地位确实崇高,可谓底蕴深厚、魅力无穷、一派庄严。

2011年7月中旬至8月上旬,我在牛津大学短期学习期间,曾经在距自己住地很近的三一学院附件多次徘徊,甚至透过其铁栅栏院门,数次往里张望,但终不得而入。原因是,游客进三一学院要登记、收费,且价格不菲,而我又舍不下那十几英镑"铜子儿"。透过其宽大的栅栏门,我发现牛津大学三一学院校园宽广,绿草茵茵,建筑物古朴典雅。全世界非常著名的BLACKWELL书店,就与三一学院紧密相连。该书店巨大的地下空间伸展进三一学院的校园之内。我多次在该书店看书、购书,也算到三一学院了吧。

真正让我感受三一学院强大气场和无穷魅力的机会,来自2012年3月下旬到4月上旬访英期间。在剑桥大学三一学院药物系樊台平博士的友好邀请和安排下,我们不仅分别入住了剑桥大学的唐宁学院、丘吉尔学院、圣·凯瑟琳学院和克莱尔学院各几日,还在国王学院用早餐数日。每日早晨,在克莱

尔学院通往国王学院的幽静优美、古树参天、鲜花盛开的小路上，我们不仅见到了耸立在小路西北侧的中国圣人孔子的雕像，还在康桥西南侧的花丛中，见到了中国著名诗人徐志摩《再别康桥》的经典诗句："轻轻的我走了，正如我轻轻的来；我轻轻的招手，作别西天的云彩。"更值得高兴的是，我们终于进入了平时游客无法进入的剑桥大学三一学院。我曾经四次来到剑桥大学，也只有这次，才算步入这个神秘的学院。所以，我非常感谢樊台平博士和友好华裔人士米娜女士的友好协助！

2012年4月6日阳光明媚的上午10:00左右，我们一行4人在樊台平博士带领下，进入了自己期待已久的门卫把守严密、庭院深深、一派神秘的剑桥大学三一学院。

三一学院地处剑桥大学的核心区，与国王学院为邻。或者可以说，这两个学院就是剑桥大学的核心，而三一学院则是主核心。进入三一学院之后，我立刻被其无比强大的气场所震慑。笔者突出的感受是，这个学院占地宽广、视野辽阔、历史悠久、文化底蕴深厚、建筑物高贵古朴、世界级学者云集，可谓群星璀璨，令人高山仰止。

在樊台平博士引荐下，我进入了三一学院的核心办公区，拜会了三一学院院长Martin Rees男爵。Martin Rees男爵（1942年6月23日——）在英国是响当当的人物，为英国著名理论天文学家、数学家，前英国皇家学会会长。他是一个近70岁的瘦小老人，弯腰驼背，但精神矍铄，身体不错。特别令人印象深刻的，是他那双犹如老鹰般的双目炯炯有神、目光如电，似乎能看穿大千万物的真相。在谈及如何保护自己的健康问题时，Martin Rees男爵说："我已经快70岁了，但几十年来从未去过医院。"他对于如何保持身体健康，有自己独到的理解和办法，并且成效不错。

结束了与Martin Rees男爵的会晤，我们进入三一学院师生食堂、三个校园、名人博物馆和教堂进行了参观。每到一处，我都感到一种历史的悠久和文化的庄严，明白了为什么世界最杰出大师源自此地的秘密。在这里，我看到了牛顿、达尔文、培根等冥思苦想的殿堂之地，怀着崇敬心情抚摸了无数世界精英曾经使用过的餐桌，并在桌椅旁短暂小憩。三一学院师生食堂其实就是一个学术殿堂，高悬最著名毕业生及学者的画像，牛津大学各个学院也是如此。在剑桥大学，无处不是学术研究和思想之地，无时不是刻苦学习和用功思考之时。樊台平博士指着三一学院师生食堂北侧高出一个台阶的取暖壁炉说："这里曾经是世界著名物理学家牛顿等休息、思考问题的地方。我也曾多次在此小憩，思考问题，与古代大师们对话，以激发自己的灵感！"

步出师生食堂，我们进入了三一学院的名人博物馆，一个个世界级大师的白色汉白玉雕塑赫然耸立，令人顿生敬畏之感。牛顿、培根、达尔文等人的形象跃然眼前。我当时想，为什么中国的大学没有类似的名人博物馆呢？是自己没有名人呢，还是自己根本就没有这种名人的心态？

在剑桥大学三一学院东门的上方建筑物，是学生的宿舍，牛顿等历史名人曾经在此住宿。东门外的草地上，就是启发牛顿发现万有引力定律的苹果树，只不过已经不是原来那棵了。樊台平博士兴奋地告诉我们："我发现，历史名人对学生的影响十分深刻。我的一个学生曾经入住在牛顿当年住过的宿舍。结果，他学习成绩极为出色，可能是得到了牛顿先生的帮助！"我对此深信不疑。但愿我及读者一起，能从牛津大学和剑桥大学三一学院汲取到世界著名大师的智慧和精神力量！

出三一学院东门，往南30多米，距离国王学院东门很近的地方，赫然耸立着三一学院的教堂。这个教堂是免费对外开放的，我曾经来访过多次。这里也是各地游客访问剑桥大学的必到之地。关于这个教堂的细节，我这里就不赘述了。突出的感受是，这个古老、精美、雄伟、宽阔而神圣的地方，成为三一学院师生、甚至剑桥大学师生心灵净化和升华的"精神洗礼场"，更成为剑桥大学师生文化传承、历史延续和道德认同的价值观象征。站在这个特殊氛围的地方，你不自觉地会产生一种敬畏感。

时间如梭，眨眼间两年又过去了，牛津大学和剑桥大学的印象还历历在目。

据悉，2012年下半年，剑桥大学三一学院院长Martin Rees男爵退休了，接替他的，是1988年诺贝尔经济奖获得者、印度著名经济学Amartya Sen。可见三一学院巨大的影响力和号召力，以及独特的选人任贤眼光。

注：

剑桥大学三一学院是剑桥大学中规模最大、财力最雄厚、名声最响亮的学院之一，拥有约600名大学生，300名研究生和180名教授。同时，它也拥有全剑桥大学中最优美的建筑与庭院。

剑桥大学三一学院是由英国国王亨利八世于1546年所建，其前身是1324年建立的迈克尔学院以及1317年建立的国王学堂。也因如此，今天学院中依然保留着的最古老的建筑可一直追溯到中世纪时期国王学堂所使用的学院钟楼，直到今天还在为学院报时。三一学院的教堂是由亨利七世的女儿于1554年修建的，整个教堂的内部装潢在18世纪才能全部完成。教堂前厅摆着从三一学院毕业的著名毕业生的玉石雕像，包括了牛顿、培根、丁尼生等人。

本书作者与剑桥大学三一学院高级讲师樊台平博士在三一学院留影

第三节　人生轨迹就像喷泉水流的抛物线

2012年4月2日上午，艳阳高照、碧空如洗、春风习习。笔者和樊台平博士等一行参观了剑桥大学工程系光子学、电子学中心及实验室，并与一名来自北京的在剑桥大学读博士后的青年学生进行了交流。针对该同学有熬夜刻苦学习的习惯，我们特别友好地提醒他，只要早起早睡，与太阳同步，就会焕发出无穷的智慧和生命活力。而熬夜是在透支自己未来的能量。这名学生非常感谢，表示，尽量改变原来的生活习惯，努力做到早起早睡。

步出实验楼，在看到剑桥大学工程系高科技实验室楼前广场上的喷泉时，有同行者触景生情地说："人生的轨迹其实就像这个喷泉水流的抛物线。愚蠢的人急功近利，只注重追求眼前的利益和尽快地成功，实际上却把人生的高潮点拉近、周期缩短了，不仅贬低了人生的价值，还透支了未来的能量。其生命的周期就像那陡而短促的水流。有智慧的人会淡然对待名利，尽量延长人生高潮点的到来，使人生这个抛物线尽可能地平缓而高远，人的生命周期就会长久得多，人生的水流就绵长不绝，正所谓静水流深，大道恒远。"

这个观点，得到随同考察的樊台平博士、米娜女士的认同，也引起笔者的深思。目前，知道早起早睡、与太阳同步的人实在太少，特别是中小学生，由于学习压力大，也由于师长的无知，常常陷入晚起晚睡的错误循环之中，与太阳运行轨迹相反，造成了诸多恶果。

天人合一、淡泊名利、智慧人生，实乃大道。

剑桥大学生化实验室

第四节 再次拜谒剑桥大学克莱尔学院里的孔圣人

2014年11月10日中午,在短暂回访剑桥大学丘吉尔学院"特别好友"一棵生长状态很特别的树木之后,我就匆匆赶路了。这是因为,我还有另外一个心愿,就是想利用来剑桥大学的机会,再次拜谒我们中华民族的至圣先师——孔子。

孔子不是在祖国山东曲阜的孔庙里吗?不是在北京东城区国子监里吗?不是曾经屹立在国家博物馆北门外,后又被静悄悄请进屋内的国家博物馆里面吗?难道剑桥大学也有孔圣人雕像?

回答是肯定的,还真有。

我先后到剑桥大学已经五次了,1999年8月下旬算第一次。我来游览也罢,考察也罢,学术交流也罢,每次都被她独特的魅力所震撼。这里确实是世界科学和艺术的圣殿,是一个庞大的古建筑博物馆和文化中心,俨然北京的故宫。其实,牛津大学也如此。

2012年4月上旬,笔者进行学术交流。我们到在克莱尔学院住了4天。

克莱尔学院地处剑桥大学的核心位置,北边是闻名遐迩的三一学院,南边是著名的国王学院。我们的驻地是克莱尔学院的西院比较新,与东边古老的教学区隔着一条马路。大树郁郁葱葱、鲜花绿草萦绕左右的一条小路,从我们住的西院直通200米外的东院。

那几天早晨8:00左右,我到东边的克莱尔学院食堂吃早餐,必然路过这个很特别的小路。我惊喜地发现,在小路西北侧接近路口的位置,在绿草绿树萦绕中,赫然矗立着我们熟悉的孔圣人的雕塑。该雕塑约1.75米高,乃一个典型的东方睿智长者形象,慈眉善目、儒雅谦卑,雕塑通体为青铜色基调，并不显眼，更不咄咄逼人，他以一种中国文化独有的中庸书卷之气，使这条小路充满了灵秀和文化的庄严。我再仔细端详发现，雕塑前金属标牌的英文文字介绍道，这尊孔子雕像是由中国著名雕塑家、现中国雕塑院院长吴为山先生1982年赠送给克莱尔学院的。文字还清晰地介绍道："孔子，孔圣人，公元前551年至479年。"这个雕塑因为时间比较久，清漆斑驳，有些文字已经模糊难辨了。

在拜谒孔圣人之后，笔者对克莱尔学院的这种文化远见和世界胸怀非常赞赏，同时对贯穿克莱尔学院东西两院的这条小路充满了喜爱和赞赏，两边的景色实在太美丽了，剑河之水从剑桥之下静静流淌，河面宽阔，水清澈见底，小舟不时从河中划过，鲜花绿树环抱之中，远方古老的建筑群巍然耸立，一派庄严。每天从这条小路经过，实在是一种精神享受。

我在好奇、惊讶、敬畏的同时，也有些许的感动。毕竟克莱尔学院作为剑桥大学的一个资历很老、实力很牛的学院，能把一个中国文化名人接纳进来，绝不是一件小事，这是对中国优秀传统文化的接纳、敬畏和尊重。

克莱尔学院是剑桥大学现存学院中第二古老的学院，创建于14世纪。学院初期获得了爱德华一世的外孙女Elizabeth de Clare的捐助。克莱尔学院的唱诗班和后花园最为出名。

1336年，国王爱德华三世批准他的表妹伊丽莎白重建克莱尔学院，不过当时学院被称为"克莱尔学堂"（Clare Hall），直到1856年，才改名为克莱尔学院（剑桥大学1966年设立了一个新的克莱尔学堂，是一个研究生学院）。Clare最初创立的学院只能容纳15名学者，其中10名还是特别贫困的学生，由学院资助至20岁。在Clare去世前一年，即1359年，她为学院制定了一系列的章程，这些章程直到今天还被认为是学院办学的指导。

1638年至1715年修建的"旧庭"，被认为是英国最漂亮的庭院之一。由于经历了英国内战和古典主义在英国的兴起，花费几十年才完工的旧庭，包容了传统的哥特式风格以及古典主义风格。此外，跨越剑河的克莱尔桥也是座非常美丽的桥,桥上有14个石头做的圆球做装饰,但事实上有一段缺了一个圆球。缺少的那个圆球有着很多的传说,其中最为著名的说法是,当年建造这座桥时学院没付给建筑商足够的费用,所以建造者故意拿下一个球来减少开支。这座桥也为克莱尔学院的学生们带来很多娱乐:他们最喜欢的一种游戏就是站在桥上,出其不意地将游客划船时用的很长的篙撑抢去。

时间到了2014年11月10日中午1:00,在匆匆忙忙中,我再次来到两年多以前多次路过的熟悉之地。克莱尔学院依然故我,此时已经是深秋时节,相比2012年4月上旬的仲春时节,现在的克莱尔学院景色更加诱人,古木参天,果实累累。我以敬畏和激动之心,再次来到熟悉的孔子雕塑前进行拜谒。几个外国游人正好路过此地,对孔子雕塑充满了敬畏,与其合影留念。我也请他们给我与孔圣人的雕塑照了合影。

我继续向东行走,跨过剑河之克莱尔桥,进入了古老的克莱尔学院的东院,然后从其东门穿过,赶往下一个学院——圣·凯瑟林学院。

2014年11月10日对我来说,是非常忙碌的一天。但是,当自己的心愿得以实现之后,欣慰和充实感逐渐吹散了奔波的辛苦。我觉得,剑桥大学的深秋,不仅美丽,而且硕果累累。

剑桥大学国王学院里矗立的孔子雕像

剑桥大学国王学院孔子雕像前的小路，该路把国王学院东区和西区连接起来

本书作者在剑桥大学国王学院孔子雕像前留影（2015年）

第五节 传统中医国际化、现代化、普及化的重要推动者
——剑桥大学药理系血管新生和中药研究室主任樊台平博士的贡献

传统中医是中国人奉献给世界文明的神奇礼物,蕴含着天地大智慧和神秘力量。中医的继往开来、兴旺发达是中国人的健康幸福所在,也是人类的健康幸福所在。为了这个伟大事业,许多仁人志士做出了巨大贡献。英国剑桥大学三一学院樊台平博士就是贡献突出的知名学者。

樊台平先生(Tai-Ping Fan),英国剑桥大学药理系血管新生和中药研究室主任,英国籍华裔科学家、博士、高级讲师。兼任《血管新生》杂志主编,中国医学科学院和香港浸会大学名誉教授,欧盟"中草药研发部功能基因组学"协调员。

2012年,笔者荣幸与樊台平先生结识。他高度重视传统中医中药的研究、宣传和推广,成绩斐然,文化底蕴深厚,为人谦和,思维敏捷,视野宽阔,学术成果丰硕。

樊台平先生出生于中国台湾,高中毕业后到英国留学,先后获得伦敦大学基础医学学院药理学(Pharmacology)荣誉学士、伦敦大学学院(UCL)免疫药理学(Immunopharmacology)博士和博士后。1986年至今,樊台平先生为剑桥大学三一学院教师,科研成果丰硕,国际影响很大。樊台平博士受传统中医药熏陶及 Andrew Huxley、James Black 和 John Vane 三位爵士教导,探讨人参、丹参、三七、当归等中药对血管生成的影响,发现了人参皂苷具有双向调节血管生成的作用。2015年,他应邀在联合国介绍自己在中医药研究领域的成果,受到广泛称赞。

2012年3—4月间，笔者在剑桥大学三一学院访问时，樊台平博士真诚讲述了自己求学、治学的心得，我很受教益。他动情地告诉笔者，"我在台湾念中学时，成绩很好，老师和父母对我期望很高，但高考成绩令人失望，感到压力很大。我毅然选择到英国留学，苦练英语，狠抓基本功和基础学科的学习，坚持不懈，终于踏上了科学研究的正道、坦途。所以，一时的挫折并不可怕，关键是要相信自己，不放弃追求。"他的这番不经意的谈话，对我产生了深刻的影响。

40多年来，樊台平博士为传统中医现代化、国际化、普及化做出了自己积极的努力和独特贡献。2009年，他担任欧盟第七框架计划中医药研究专项"后基因组时代传统中医药研究的良好实践"（GP-TCM）副主席。2012年，担任中医药规范研究学会（GP-TCM Research Association）会长[①]。2012年以来，樊台平博士应《科学》杂志邀请，负责传统医药文化的推广，积极宣传了传统中医的伟大价值和新研究成果，诺贝尔获奖者屠呦呦的"青蒿素"研究成果就曾经位列其中。

---

① http://edu.ifeng.com/gaoxiao/detail_2012_10/24/18534133_0.shtml

第六节　荣誉之途：从谦卑到美德

——穿越剑桥大学冈维尔与凯斯学院道德之门的独特感受

我国古代圣人老子在《道德经》中指出："我有三宝，持而保之。一曰慈，二曰俭，三曰不敢为天下先。慈，故能勇；俭，故能广；不敢为天下先，故能成器长。"老子把慈善、节俭和谦卑作为自己安身立命的三个法宝，并阐述了深刻的道理。笔者偶然发现，远在英国的剑桥大学冈维尔与凯斯学院（Gonville and Caius College）的建筑设计、教学理念和道德价值，居然与我国思想家老子两千多年前的想法很一致，发人深思。

2013年、2014年，笔者在北京什刹海书院数次聆听台湾师范大学著名哲学教授赵玲玲女士关于《周易》的学习辅导报告。她介绍说，自己曾经受邀到剑桥大学进行学术交流，介绍我国优秀传统文化特别是《周易》。她特别提及，剑桥大学非常重视对师生的人文精神教育，把道德品质、科学精神作为必修课。她说，剑桥大学某学院（当时她未明确，也许我当时未记清楚）建有三个特殊的石门，代表了学者的学术研究历程和学生的求学道路。学生入学的时候，要通过谦卑之门（the Gate of Humility）；学习时，会经常出入美德之门（the Gate of Virtue）；学生毕业的时候，才能通过荣誉之门（the Gate of Honor），到邻近的剑桥大学评议会大楼获得学位。我对赵玲玲女士讲述剑桥大学某学院的道德之门的情节非常感兴趣，期盼能有机会再能到剑桥大学探个究竟。

经查证，这三个有特别意义的著名石门，位于剑桥大学冈维尔与凯斯学院。该学院简称凯斯学院，因为约翰·凯斯是该学院的第二位建立者。

2015年6月18日，我利用在伦敦大学学院访学的机会，再访剑桥大学冈维尔与凯斯学院，专门体验了穿越三个道德之门的感受。作为一名德育研究者，自己的这次感受非常独特。

这天中午，我穿过西南侧的克莱尔学院，来到紧邻的凯斯学院。来到凯斯学院后就发现，闻名世界的天文学家霍金怀抱着一只可爱小熊的宣传牌，就摆放在门口南侧。而门内摆放的告示提醒游人：凯斯学院不对游客开放。一些游客在门口徘徊后，悻悻然离开了。我也深感遗憾，但决定进去试一下，以不虚此行。我径直来到门口内侧右边的传达室，向一位30多岁的工作人员出示了自己的伦敦大学教育学院工作证，并解释说："听说凯斯学院的三个石门非常著名，我今天专门从伦敦来这里，就是想参观这三个石门，拍摄一些照片，希望得到您的帮助。"这位先生仔细端详了我的工作证，热情地说："您可以进去参观和拍照，但请尽快出来。"我非常高兴地回答："非常感谢。没有问题，我10分钟左右就出来。"

凯斯学院是剑桥大学的第四所学院，也是目前第三富有的学院。该学院与最著名的三一学院、克莱尔学院和国王学院相邻。学院外面的墙壁上雕刻着一些学院著名教授的头像，令人肃然起敬。该学院很多学生取得了重大成就，包括12位诺贝尔奖获得者，人数列"牛剑"（牛津大学、剑桥大学的简称）所有学院的第二位（剑桥大学三一学院居第一位）。2008年和2009年，凯斯学院在汤普金斯剑桥学院排名中列第四位。凯斯学院拥有历史悠久的医学教学传统，来源于两位医生校友约翰·凯斯和威廉·哈维。凯斯还为学院设计了带有使者之杖的院徽。学院著名校友包括发现DNA结构的弗朗西斯·克里克、发现中子的詹姆斯·查德威克爵士和研究盘尼西林的霍华德·弗洛里爵士。世界著名天文学家、物理学家、卢卡斯数学教授史蒂芬·霍金，也是该学院的院士。凯斯学院在经济学、英语文学和工程学也有很高学术成就。

我进入凯斯学院后，欣喜地发现，这是三个庭院彼此相通的古老而幽静学院，面积不大，但地处剑桥大学核心，历史悠久、地位神圣、建筑精致。三个闻名遐迩的石门上侧的金黄色文字，清晰地告诉我，入门后首先通过的是谦卑之门；进入第一个庭院往西行走，中央正对的位置，就是师生们经常出入的美德之门；穿越美德之门，我来到第二个面积更大一些的庭院，发现了位于该庭院南侧正中的高高的荣誉之门。显然，荣誉之门经过了特别的设计，显得更加崇高而庄严。荣誉之门平时关闭，只允许老师出入。三个石门相距不远，但从谦卑、美德到荣誉的修炼与进步，却充满了长期艰辛的跋涉。

在灿烂阳光照耀下，我静静地站在凯斯学院的庭院里，凝望着这几个意义特殊的石门，思绪良久，似乎在和古老的建筑对话。根据与门口工作人员的约定，我在完成参观和拍照的任务后，再次越过美德之门和谦卑之门，离开了凯斯学院。显然，我今天无法穿越凯斯学院的荣誉之门，只能心存羡慕了。

1565年凯斯庭院开始建造。约翰·凯斯负责建造了学院的三座具有标志意义的石门，代表了该学院学者的学术道路和学生的学习之路。学生刚刚入学时，都要通过"谦卑之门"（位于学院传达室旁边）进入学院；在学院学习期间，学生经常会出入于"美德之门"（连接树木庭院和凯斯庭院）；最后，当学生毕业的时候，都要通过"荣誉之门"到邻近的剑桥大学评议会大楼获得学位。这三个很特别的石门提醒教师和学生，学术研究和学科学习，首先从谦卑开始，谦卑是进步和成功的起点；日常的研究和学习就是一种道德修炼，师生们要过高尚的道德生活；崇高荣誉来自艰苦的探究，教师取得了学术成就，学生学习优秀并顺利毕业了，才能获得真正的荣誉。凯斯学院规模不大，但成为剑桥大学的第四所学院和目前第三富有的学院，师生学术成就卓越，出现12位诺贝尔奖获得者，人数列各学院第二位（三一学院居第一位），也许和这三个很有激励作用的石门有关。而凯斯学院的学生经常戏称，连接树木庭院和冈维尔庭院的石门为"必要之门"，因为这个门通向学院的厕所。

凯斯学院由埃德蒙·冈维尔于1348年创立，取名冈维尔学堂。冈维尔是当时诺福克郡圣克莱门特镇的牧师。在冈维尔去世后的第三年，学院开始面临资金困难。他的遗嘱执行人诺福克主教威廉·贝特曼将学院转移到他刚刚建立的三一学堂附近，重新命名为圣玛丽天使学堂。16世纪学院已经年久失修。1557年，皇家宪章重新建立学院，命名其为冈维尔与凯斯学院。1557至1559年，约翰·凯斯医生担任学院的院长，为学院提供了大量资金，大幅扩建了学院的建筑。约翰·凯斯做院长期间，学院取消了学院费，却坚持一些不寻常的规定，如学院不接受有任何残疾（包括畸形、聋哑、目盲、足跛或患有任何严重或有传染性疾病）的学者。

凯斯学院规模逐渐扩大。1630年，学院有25名院士和150名学生。18世纪开始，学生数量减少，直至19世纪早期，才恢复到1630年的数量。此后，学院迅速扩大，现在已是剑桥大学各学院中本科生最多的学院之一。学院1979年开始招收女性院士，现有近100名院士，超过700名学生和200名工作人员。凯斯学院是剑桥大学第三富有的学院，2006年的捐款为1.15亿英镑，净资产为1.41亿英镑。

冈维尔与凯斯学院的建筑很特别。其第一座建筑是1353年由贝特曼主教建立的冈维尔庭院。1393年，学院的礼拜堂和旧大厅相继建造。半个世纪后，院长办公室建设完工。建造学院的大部分石料来自剑桥郡的拉姆齐修道院。冈维尔与凯斯学院拥有"牛剑"最古老的礼拜堂，一直沿用至今。冈维尔庭院1750年开始翻修，被赋予古典主义的色彩。旧图书馆和大厅由安东尼·塞尔文设计，大厅墙壁上悬挂了一面1912年南极探险中在南极飘扬过的学院旗。学院由约翰·凯斯重建后，得到翻新和扩建。

英国现有5所超级精英大学，是国际学子仰慕之所。笔者曾是伦敦大学学院的访问学者，也多次到牛津大学、剑桥大学、伦敦帝国理工学院、伦敦政治经济学院等世界顶尖大学参观学习，试图了解这些大学成功的秘密。西方尤其是英国的大学，有非常悠久的历史和文化传承，特别是牛津大学、剑桥大学那古老、庞大而威严的建筑群，往往令人惊叹和仰慕。虽然这些大学并不是道德圣地，历史上的性别、身体、种族、宗教、出身、国别歧视等问题不少，但总体上讲，注重科学精神和人文精神的培养，强化学术品德建设和继承创新，是这些大学成功的基石。剑桥大学凯斯学院建设的"谦卑之门""美德之门"和"荣誉之门"，可谓匠心独运，集中折射了这个世界顶尖大学著名学院的独特教育魅力。

　　教育之妙，道德之用。我国著名文化经典《礼记·大学》指出："大学之道，在明明德，在亲民，在止于至善。知止而后有定，定而后能静，静而后能安，安而后能虑，虑而后能得。物有本末，事有终始，知所先后，则近道矣。"虽然《礼记·大学》里的"大学"非今日意义的大学，但其阐述的深刻哲理，却直抵当今世界各国诸多大学和中小学的教育灵魂！

第九章
教育挑战与机遇

概要

教育是社会的基础,也深受社会的影响。英国学者罗伯特·希尔指出,这些教育挑战的本质是,学校和校长将无法独自应对这些挑战。他们将不得不合作,不管现在他们在各自做什么,合作将把他们带入新的领域。而这些合作将从地方和系统、局部和整体层面给学校领导者们提供难得的机遇。迎接挑战,破除教育乱象,锐意变革,促进社会对教育的认同、和解、信任、合作,生态优化、充满活力、各美其美、美美与共的教育发展新常态必将出现。

第一节　未来英国学校领导者将面临十大教育挑战

——英国教育政策专家罗伯特·希尔先生的预测及启示

2015年5月20日，世界知名学府伦敦大学学院发布了英国著名教育政策专家Robert Hill先生的研究成果，提出，未来5年内，学校领导者将面临可以重塑教育的难得机遇，也将面临严峻的挑战。罗伯特·希尔先生（Robert Hill）曾担任英国布莱尔首相以来各届政府的教育政策顾问，主持多项政策研究项目，参与英国重要文件《教学第一》（*Teach First*）的制订和完善。

一、十大教育挑战

罗伯特·希尔针对英国新政府的建立和政策走向，分析了未来五年英国学校领导者将面临的教育挑战，指出英国政府推动政策发展的热情并不是未来五年中小学校长面临的唯一挑战，他们还将面临如下十个方面的挑战：①

1. 学生人数的增加

到2020年，英国学校将比现在多出65万学生。这些增加的学生将从小学进入中学。地方教育当局在发现、资助新入学方式，组建和调试新学校方面将面临很大困难。"由于规划过程的分散，这种努力将变得更艰难。执政的保守党已承诺，将提供25万个新学位，组建500所以上自由学校，尽管这意味着自由学校只会在需要的地方被批准组建。"此外，政府承诺所有好学校的规模（包括自由学校和文法学校）将被允许扩大，以把这些教育元素进行组合

---

① https://ioelondonblog.wordpress.com/2015/05/20/the-next-five-years-five-key-opportunities-for-school-leaders/

优化，以确保每一个孩子享受到优质教育。但前提是，中央政府需要给地方教育当局建立自由学校、扩大杰出学校规模的发言权。

2. 教师招聘的困难

英国学校在招聘足够教师方面面临的问题比比皆是。过去三年里，与政府的计划相比，接受培训的教师少了6000人。2015年4月，英国申请教师资格的人数与前一年相比下降了3300人。数学、物理学和语言学科在教师招聘上面临特别的困难。与此形成鲜明对比的是，政府承诺将额外培训17500名数学和物理教师，如何提高教育凝聚力和不同教学途径有效性的问题犹存。"批评者们确信，政府为应对师资的短缺，将鼓励学校更多使用不合格的教师，从而为教育质量埋下隐忧。"

3. 校长领导力生长渠道的缺乏

伟大的学校需要卓越的领导者。未来五年，英国将有10000名校长、副校长、校长助理达到55岁及以上，许多人将很快退休。填补校长空缺已成为这个首要领域的特别挑战。因"学校需要改进"而更换校长的威胁，肯定会进一步阻碍人们申请校长岗位的热情，全国高校教学与领导力机构几乎倒闭。"问题仍然是，校长领导力发展的认证模式是否会继续，而英国教育部似乎违反了自己关于培养卓越校长的国家计划。"

4. 教育资金的制约

保守党计划维持每名学生的教育费用，包括额外入学的学生，但没有扣除通货膨胀因素的影响。英国财政研究所表示，如果与养老金、国民保险变化和可能增加的薪金相比，学校经费预算将大幅削减。"虽然学生助学金将在目前的利率下得到保护，但不承诺给16岁以上学生提供资金支持，这对教育已经是一个重创。"目前，尚不清楚新政府是否继续推进学校单一的拨款方案，无法预估如果学校和独立学院出现了巨额赤字，将会发生什么情况。

5. 课程评估变化大

英国政府计划对4岁以上学生进行学业基准入学测试，在关键阶段二（KS2）引进新SAT考试，对未达到阶段4水平的学生进行强制再测，在KS4阶段引进新课程和GCSE考试，所有学生需要在数学、英语、科学、语言、历史或地理5个学科考试合格，在A水平引入新教学大纲和考试。以上做法引起了很大争议，更不用说大幅度提高技工学生人数的做法。"这种学生发展水平标准的变化，要求学校对教师发展给予巨大、持续的投资。而教师往往需要四到五年时间，才能把课程变化融入课堂上。"

6. 教育督导的负面影响

小学、中学将使用反映学生学业表现的新报告制度，这种显示GCSE结果的进度框架设计，被证明特别有争议。"当这些变化与新的分级结构结合时，将出现不利的一面，进行学生发展水平的比较会更困难，但这一点经常被政府部门忽视。"对独立学校绩效的评估将成为常态，2015年9月，新修订的教育督导框架将被教育标准局采用。原来的做法就这么简单消失了？这是不太可能的！

7. 弱势群体的发展困境

世界经合组织（OECD）的最新信息表明，与其他国家相比，英国学校教育并没有优势，其发展只居于平均水平，或略高于平均水平。因此，改善英国中小学生学习水平的挑战将继续，尤其是对那些弱势学生而言。虽然一些学校享受校餐补助的学生与其他学生间的学习差距在缩小，但差距的幅度仍然很大。"未来几年到2020年，英国儿童贫困问题将不断加剧，期望学校独自承担促进社会流动的责任是不现实的。"

8. 信息技术的代际差别

在利用信息技术支持学习的效度方面，学校间的差距很大。英国通信管理局的研究表明"与十几岁的青少年在一起时，成人对数字通信技术的信心和理解往往受到打击。成人对数字技术的信心和理解在接近50岁时逐渐下降，

60岁以后则迅速下降。"这无疑强化了师生利用信息技术共同进行学科教学设计以获取知识的挑战。使用信息技术来促进教师与学生合作的潜力,还远远没有被挖掘出来。

9. 管理改革的迟缓

2010年,英国联合政府表示希望学校能聚焦教育年轻人这个核心任务。但英国教育标准局的督导制度却背离了这个初衷。新一轮的学校教育督导内容包括:保护儿童安全,防止性暴力,减少肥胖,确保精神健康,促进价值观教育(如防止宗教极端主义),发展个人就业知识技能,提供托儿服务。"面对如此大规模的职责,学校领导者出现混淆和混乱是可以原谅的。这种混乱掩盖了英国社会对教育究竟是什么的问题依然缺乏共识。"

10. 学校自我改进系统的混乱

核心问题是,所有学校和校长在各自职责范围内都能得到提升。但学校领导在支持、发展教育领导力方面的职责与角色,往往与地方政府、地区学校委员会和学校教学委员会的责任不相适应。不同的角色正在由不同主体在全国不同地区行使。"校长面临的挑战是,必须要建立一个更加协调一致的中间层战略。"保守党政府的本意是,创造更多的独立学院信托者,即使这些地方政府控制的学校与那些多样化独立学院相比,并没有太大区别。

二、我国教育面临的机遇和挑战

笔者分析后认为,罗伯特·希尔基于未来社会信息化发展特征和社会对学校、校长、教师更高水平的要求,提出了英国中小学校长将面临的十个挑战,涉及教育经费、校长领导力、教学、督导评估、信息技术、教师队伍建设和考试制度。这些教育挑战虽然具有英国特点,但其前瞻性和借鉴意义很强,值得我国行政管理部门和中小学校长深思。教育管理者特别是校长,处在教育发展与改革的关键岗位。未来五年,我国中小学校长将面临哪些挑战?如何应对?我国教育发展成就大,但挑战也多,而以下一些乱象,亟待破除。

1. 行政与教学间的边界模糊问题

目前，各地区教育行政领导兼任中小学校长者普遍存在。这种行政与教学边界的混淆不仅降低各自的效率，还对正常教育秩序形成巨大冲击。

2. 行政与监督的错位、缺位问题

不少地区教育行政部门与教育督导部门合署办公，有些地方教育行政领导兼督导机构负责人，行政与督导合一，运动员兼裁判员。这种行政权力错位、监督权力缺位的乱象，导致教育治理水平长期在低水平徘徊。

3. 校长与校长间关系的变异问题

在许多地方，出现校长管校长、大校和名校校长管小校长的问题。在名校办分校泛滥的背景下，一个大校长甚至要监管十几个小校长，自己不堪重负，而别的校长还有怨言。大学校、小学校、名校和普通校校长都是学校独立法人，彼此是平等的。而校长管校长必然导致彼此关系的变异，恶化教育生态。

4. 学校规模与教育效益的混淆问题

在我国许多地方，名校越大越好似乎成为常理，一些中小学特别是名校师生人数失控，大大超过3000人的政策上限，不仅自身教育风险加剧、效益下降，还成为加剧教育不公平的巨大诱因。

5. 学校业绩与升学率的简单等同问题

家长希望子女考试成绩好，能选择更好的中小学和大学，无可厚非。但在不少地区，本应以培育合格公民和高素质劳动者为己任的教育行政机构，却比家长更看重分数和升学率，并以此为标准奖惩校长和教师，成为应试教育的推波助澜者。

正如罗伯特·希尔所指出："这些教育挑战的本质是，学校和校长将无法独自应对这些挑战。他们将不得不合作，不管现在他们在各自做什么，合作将把他们带入新的领域。而这些合作将从地方和系统、局部和整体层面给学校领导者们提供难得的机遇。"所以，在社会各界的积极支持下，教育部门只要勇于迎接挑战，破除教育乱象，锐意变革，促进社会对教育的认同、和解、信任、合作，生态优化、充满活力、各美其美、美美与共的教育发展新常态必将出现。

第二节　再思考学校领导者即将面临的教育机遇和挑战

英国著名教育政策咨询专家 Robert Hill 还认为，在未来五年，英国中小学校长将面临如下五个教育机遇：①

1. 改造和重塑培养教师的模式

利用正由斯蒂芬·曼迪（Stephen Munday）博士的研究成果有助于学校重新设想怎么对初任教师进行培训，不再是试图把所有课程内容在一年内都塞进老师的大脑，而是改变教学支持系统，着眼于老师初任职前三年的职业生涯设计，每年有不同的目标和内容。这将为学校提供新的核心培训内容，如给必要的学科和教学知识、课堂技能和研究的采集、实践、学习技能等提供时间。虽然新教师会和现在一样，在第一年的年底被正式"聘用"，但他们的培训会持续三年。而培训合格的教师三年后将得到奖赏。高校和经认可的研究团体一起，负责招募和培训各区、学校的教师，使教学纳入理性化轨道。

2. 重新定义教师的专业发展

从正在改善的教师风格项目中学习，初任教师的成长和许多学校教学联盟的行动研究重点，表明了教学能力及把正规学习与建模、分析和改进课堂教学实践相结合的潜力。这需要成为未来的通用专业发展的模板。各个学校将利用所知道的插图、网上调查、阅读群体和教师班，以帮助教师利用课例研究、同伴互助、行动研究和网上论坛来改进课堂教学。他们会不断评估共同建立新知识、改善教育结果的工作。这种做法，应成为最优秀的教师培训学院的核心内容。

---

① https://ioelondonblog.wordpress.com/2015/05/20/the-next-five-years-five-key-opportunities-for-school-leaders/

3. 重塑对学习的领导力

通过重塑对学习的领导力，以明确承认并鼓励学校领导者在学校和整个系统内领导学习的角色，并引领他们各自学校内部的学习。

4. 拓展学校领导成长的渠道

以学校组织为基础，部署校领导到不同的管理岗位任职，作为加快他们发展的方式。这些领导力项目，由一个部门牵头的学校领导力基金会支持下运行。

5. 利用资源更有效率

伙伴关系和多样化培训学院的信托，为学校提高管理工作效率带来了巨大潜力，为共享职位和角色提供了基础，特别是在领导力层面和专业领域。无论是通过提供联合采购或服务，他们可以利用规模效应，为人力资源、教育福利、场地维护、餐饮、信息和通信技术及其他服务提供储蓄。学校组借助资金实力，聘请高水平的财务及企业管理专业知识，帮助他们规划预算，节省开支。罗伯特·希尔先生（Robert Hill）认为："未来五年将出现令人兴奋的教育协作机遇，能够实现由学校领导的整个系统改进的愿景。但是，学校教育合作要取得预期成果，学校领导将需要接纳新的习惯，实施有效的伙伴关系教学探究。"他提醒说："未来五年，我们可以而且应该看到这样的行动，所有学校的进步都会成为其学校改善的一部分。理想情况下，将会出现学校结构模型的多样化，而不会千篇一律。"

罗伯特·希尔先生基于未来社会信息化发展特征和社会对学校、校长、教师更高水平的要求，提出了英国中小学校长在教师培训模式、自身专业成长、学习领导力、校长成长渠道和教育资源利用效率五个方面面临的改善机遇，把握住了学校管理者的办学方向和核心任务，具有很强的前瞻性和借鉴意义，值得我们深思。

我国教育发展和国家的整个发展相适应，正步入新常态，也面临着实现可持续发展的宝贵机遇。笔者认为，这些机遇有：

1. 公平、效率与活力间的关系将进一步和谐

对教育公平的理解应该深化，名校规模的简单化扩张不是推进教育公平和质量的本质。关键问题是，强化教育政策的引导性，促进教育资源的正向流动和优化组合，为那些处境相对不利的地区、中小学、校长和教师、学生和家长提供更加积极的政策支持，勇于把优秀校长、教师选派到那些更需要的地区、学校和学生身边，并提供优惠的教育政策。这才能实现我国教育公平、效率与活力间关系的和谐。

2. 行政、督导和教学间的关系将回归教育真义

教育各部门之间的关系应符合教育规律和育人需要，应该正本清源、各归其位、相得益彰。行政部门要责权分明，有所作为，提高效率；督导部门要独立监管，强化业务针对性，捍卫法律法规尊严；教育教学部门要回归育人大道，立德树人，支持教师静心、优雅教学，使学校真正成为育人的乐土。

3. 学校、家庭和社会间的关系将实现互尊、互信、互助

我国各方面发展的新常态正在形成，学校与家庭、社会的关系也面临着难得的改善机遇。在积极发挥学校教育职能的同时，也应该加强对社会特别是对家长和家庭重要教育作用的统筹力度，把为社会提供高质量而公平的早期教育作为一项新的战略任务来落实。研究和实践表明，家庭教育特别是早期教育成效高，学生的未来发展优势明显，早期教育投资事半功倍。

4. 学校群体间性的完善与个体品质的内在超越

在不断推进教育公平与质量的大背景下，中小学名校和普通校、大学校和小学校、公立学校和私立学校的关系，将出现升华的机遇。相关部门应鼓励中小学注重教育品质、效益和创新，追求内在超越。教育政策应顺应大势，鼓励各个学校在教育使命、尊严、地位和条件上尽可能平等，不要制造、炒作所谓应试教育英雄。学校皆为育人成材之地，无高低贵贱之分。在激励名校长、名师的同时，更要保护、帮助和激励那些普通校长和教师，要积极支持私立学校办出特色，实现学校、教师之间关系的良性互动和整体优化。

5. 教育行政、教学和研究机构各负其责，相得益彰

教育是个复杂的系统工程，其质量和效益在于各子系统之间关系的协调和优化。行政部门发挥政策导向作用，大中小学是育人的主体和关键，教学研究机构是重要支撑。要逐步升华教育行政、教学和研究机构间的协作关系，建立一批服务于教育行政决策的高水平研究智库和校长、教师专业发展的智慧摇篮。特别是教育研究机构应该提高专业独立性和针对性，更新理念、改进方法、提高研究能力、破解教育难题、提出真知灼见，而社会和行政部门要积极营造开展建设性教育批评的宽松氛围。

我国教育部门应把握机遇，以正本清源之谋略，破除教育乱象，优化教育秩序，营造健康而充满活力的教育新生态，真正履行立德树人的庄严使命。

第三节 与导师 Alex Moore 教授交流的启示

定期与导师 Alex Moore 教授见面,介绍自己的学习、生活和研究情况,探讨如何深化中英青少年公民品格比较研究,成为笔者到英国 UCL 教育学院进行访学的重要内容。粗略回忆一下,自 2014 年 9 月初至 2015 年 8 月,我拜会 Moore 教授近 10 次,每次都有很大收获。

2015 年 8 月 17 日上午,我们两个再次见面了。这次见面的主要内容是,请 Alex Moore 教授给我后六个月的访学情况进行评价,并把结果上交我国驻英国大使馆教育处。Moore 教授对这件事非常重视,他认真审改了我最近 6 个月研修的英文总结说:"除有两处语法有小问题外,其内容都不错。"他在给我的评价中,积极肯定了我的访学生活,他的激励使我倍受鼓舞。

根据笔者的事先邀请,Moore 教授和我在 UCL 教育学院东门外的宾馆里共用了午餐。餐厅安静而宽敞,食物鲜美而丰富。Alex Moore 教授高兴而略带自嘲地说:"今天中午我吃得太多了。"显然,他非常理解并真诚接受了我的感激之情。一年来,笔者走近了 Moore 教授的家庭,对他的生活、工作、学习、研究和品格了解日深,他是一位值得我尊重和学习的真正教育家。他在英国大学、中小学的巨大教育影响力和崇高学术威望,令我仰慕。

我在真诚感谢 Moore 教授一年来给予笔者的热情帮助之后,还请他对我回国之后的学习和研究提出建议。Moore 教授略微思考了一下,认真地说:"中国正在快速发展和变化,中国的教育也在不断变化中。要积极研究这些变化,发现变化的特征和价值。要特别研究青少年的内心世界,对他们进行访谈,了解他们喜欢什么,不喜欢什么,担忧、焦虑什么。要了解他们对全球气候异常、环境突变问题的态度。"他回忆了与夫人在 4 月上旬、中旬一起访问浙江、上海和北京一些大学、中小学的情景，说："我们访问的学校硬件条件都不错，但学生规模太大，教育效益值得关注。"他期待自己今后再访问我国，到中西部地区看看，了解真实、完整的中国和中国教育。

谈及自己一年来的访学生活，我感慨地说："我有时觉得时间过得很快，有时觉得时间过得很慢，有时觉得12个月的时间很长，有时又觉得一年的时间很短。"Alex Moore教授对我的这种感受进行了分析，他说："对家庭、亲人、亲情而言，你来英国的时间不短了，感觉时间过得很慢，这是正常的。但对英国这个国家经济、政治、文化、教育等的深入了解，对自己英语水平的提高而言，一年的访学只是个良好的开始。"

我对不久前英国A-level考试成绩揭晓之事和英国社会的反应，谈了自己的看法。Moore教授深有感触地说："英国中小学校长、教师和学生的考试压力很大，A-level考试成绩影响着许多人。我爱人作为一个中学的校长，暑假还未结束，她就回学校准备下一次考试（GCSE）了。"

Alex Moore教授对中英之间的教育交流与合作充满了期待，中国是他出访次数最多的国家。他说："我访问过美国三次，但访问中国已经五次了，很期待再次访问中国，促进中英教育的交流。"他强调，东方和西方的教育各有特点与优势，可以彼此交流、借鉴，但不能彼此替代，也不能盲目照搬。

时间过得很快，一个多小时的午餐结束了，Moore教授和我在浓浓的师生情谊、朋友情谊中做短暂告别。我很期待不久之后，自己能在北京再次见到Moore教授，也很期待自己能再次访问英国，访问UCL拜会Moore教授！

主要参考文献：

1、王薇，著名教育学家顾明远谈新时期的"师德"坚守［EB/0L］，新华网，2012年12月19日

2、顾明远主审，刘铁芳、谢春风主编，师德突出问题典型案例评析（中学教师读本）［M］，北京师范大学出版社，2014年7月1日

3、樊未晨，顾明远：好的师生关系是最大的教育力量［EB/0L］，中国青年报，2011年11月7日

4、John Dewey. *My Pedagogic Creed*［J］. School Journal Vol. 54，1897,（01）:80

5、Alex Moore. *The Good Teacher—Dominate discourses in teaching and teacher education*［M］. by Routledge，2 Park Square，Milton Park，Abington，Oxon，OX14 4RN，in the USA and Canada. 2006.54

6、谢春风，坚守从教底线是崇高师德的根基［EB/0L］，中国教育报，2014年7月17日

7、Robert Hill.The next five years: five key opportunities for school leaders

https://ioelondonblog.wordpress.com/2015/05/20/the-next-five-years-five-key-opportunities-for-school-leaders/